Las grandes mentiras y fake news sobre Israel en la actualidad

Second Edition, Volume 2

Daniel Farcas

Published by Daniel Farcas, 2024.

Introducción

1Israel, un pequeño país del Medio Oriente, ha sido objeto de numerosas mentiras, información falsa y noticias falsas a lo largo de los años. Estos conceptos erróneos y falsedades se han utilizado a menudo para demonizar y deslegitimar al Estado de Israel, su pueblo y sus políticas. En este ensayo, exploraremos algunas de las mentiras, información falsa y falsificaciones más comunes sobre Israel y examinaremos su impacto en la percepción y el discurso públicos.

Una de las mentiras más extendidas sobre Israel es la afirmación de que es un Estado de apartheid. Esta acusación se basa en la premisa falsa de que Israel discrimina sistemáticamente a sus ciudadanos árabes y les niega derechos y libertades fundamentales. Israel es una democracia vibrante con una población diversa que incluye ciudadanos árabes que disfrutan de los mismos derechos ante la ley. Los ciudadanos árabes de Israel sirven en la Knesset del parlamento israelí y ocupan puestos de poder e influencia en diversos sectores de la sociedad. La acusación de apartheid no sólo es falsa sino también profundamente ofensiva para quienes han experimentado un verdadero apartheid en países como Sudáfrica.

Otra falsedad común sobre Israel es la afirmación de que es un Estado agresivo y expansionista que busca conquistar y ocupar tierras árabes. Esta narrativa ignora el contexto histórico del conflicto israelí* y las numerosas ofertas de paz que Israel ha hecho a lo largo de los años para alcanzar una resolución pacífica. Israel ha demostrado repetidamente su voluntad de negociar y llegar a acuerdos en aras de la paz, incluida la retirada de territorios como el Sinaí y Gaza a cambio de acuerdos de paz. La acusación de expansionismo es una distorsión deel conflicto en lugar de resolverlo.

Las noticias falsas y la desinformación sobre Israel también prevalecen en los medios de comunicación y en las plataformas de redes sociales. A menudo se difunden afirmaciones falsas sobre acciones militares israelíes, abusos de derechos humanos y crímenes de guerra sin verificación ni contexto, lo que da lugar a una descripción sesgada y sesgada del conflicto palestino-israelí. Es esencial que lectores y espectadores evalúen críticamente las fuentes de información que consumen y busquen múltiples perspectivas para formar una comprensión más precisa y matizada de cuestiones complejas como el conflicto palestino-israelí.

En conclusión, las mentiras, la información falsa y las falsedades sobre Israel tienen un impacto perjudicial en la percepción y el discurso públicos, perpetuando estereotipos y conceptos erróneos que obstaculizan los esfuerzos por lograr la paz y la reconciliación en la región. Es esencial que las personas se eduquen sobre los hechos y cuestionen las narrativas que se les presentan para reforzary visión equilibrada de Israel y su pueblo. Al desafiar las falsedades y buscar la verdad, podemos trabajar por un futuro más justo y pacífico para todos los que llaman hogar a Oriente Medio.

"El pueblo judío se salvó porque el Imperio Inglés les concedió un paraíso para los judíos en Palestina"

"El Imperio Inglés concedió un paraíso a los judíos en Palestina, lo que ayudó a salvar a miles de judíos que escapaban de los nazis".

La Declaración Balfour de 1917 se cita a menudo como el primer reconocimiento oficial del derecho del pueblo judío a establecer una patria en Palestina. Esta declaración, emitida por el gobierno británico, expresaba su apoyo al establecimiento de un "hogar nacional para el pueblo judío" en Palestina. Sin embargo, a pesar de este gesto aparentemente positivo, las acciones del Imperio Británico en los años posteriores a la Declaración Balfour cuentan una historia diferente.

Si bien la Declaración Balfour pudo haber reconocido el derecho del pueblo judío a una patria, las políticas del Imperio Británico en Palestina durante el período de entreguerras y la Segunda Guerra Mundial obstaculizaron la realización de este derecho. La publicación de los Libros Blancos, una serie de declaraciones políticas que restringieron la inmigración judía a Palestina, efectivamente impidió que miles de judíos escaparan de los horrores de la persecución nazi y encontraran refugio en la tierra prometida.

El primer Libro Blanco, publicado en 1922, limitó la inmigración judía a Palestina en función de la capacidad de absorción económica de la región. Los Libros Blancos posteriores restringieron aún más la inmigración judía, culminando en el Libro Blanco de 1939, que limitó severamente la inmigración judía a Palestina en un momento en que los judíos enfrentaban una persecución cada vez mayor en Europa.

Estas políticas de inmigración restrictivas no sólo impidieron que miles de judíos encontraran refugio en Palestina, sino que también contribuyeron a la pérdida de innumerables vidas durante el Holocausto. El fracaso del Imperio Británico a la hora de proporcionar un refugio seguro a los refugiados judíos que huyen de la persecución nazi contrasta marcadamente con los ideales expresados en la Declaración Balfour.

Las acciones del Imperio Británico en Palestina durante este período ponen de relieve las complejidades y contradicciones del dominio colonial. Si bien la Declaración Balfour pudo haber señalado un reconocimiento del derecho del pueblo judío a una patria, las políticas del Imperio Británico impidieron efectivamente la realización de este derecho para muchos judíos.

En conclusión, si bien la Declaración Balfour pudo haber reconocido el derecho del pueblo judío a establecer una patria en Palestina, las acciones del Imperio Británico en los años posteriores a la declaración revelan una perspectiva diferente.

historia. Las políticas de inmigración restrictivas descritas en los Libros Blancos impidieron que miles de judíos encontraran refugio en Palestina durante una época de gran necesidad. El fracaso del Imperio Británico a la hora de proporcionar un refugio a los refugiados judíos que huyen de la persecución nazi pone de relieve las limitaciones del dominio colonial y las complejidades de navegar intereses contrapuestos en la búsqueda de la justicia y los derechos humanos.el judioinmigrantes comenzó el

"Terrorismo judío" contra ingleses y árabes

El pueblo judío tiene una larga historia de lucha contra la opresión y la persecución, y esto ha sido particularmente evidente en su lucha contra el colonialismo inglés y el terrorismo árabe. A lo largo de la historia, el pueblo judío ha enfrentado numerosos desafíos y amenazas a su existencia, pero siempre se ha mantenido resiliente y decidido a defender su patria, la tierra de Israel.

Uno de los desafíos clave que ha enfrentado el pueblo judío en su lucha por la independencia y la soberanía es el dominio colonial inglés en Palestina. El Mandato Británico de Palestina, que se estableció después de la Primera Guerra Mundial, impuso restricciones a la inmigración judía y a la propiedad de la tierra, lo que dificultó que el pueblo judío estableciera una patria en su tierra ancestral. A pesar de estos obstáculos, la comunidad judía en Palestina continuó creciendo y prosperando, y finalmente declararon el establecimiento del Estado de Israel en 1948.

Además del dominio colonial inglés, el pueblo judío también ha tenido que enfrentarse al terrorismo y la violencia árabes. Desde principios del siglo XX, los movimientos nacionalistas árabes han tratado de socavar y destruir la presencia judía en Palestina mediante actos de terrorismo y violencia. Una de las figuras más notorias en este sentido fue el Mufti de Jerusalén, Haj Amin al-Husseini, quien se alió con los nazis durante la Segunda Guerra Mundial e incitó a la violencia contra la población judía en Palestina.

A pesar de estos desafíos, el pueblo judío se ha mantenido firme en su compromiso de defender su patria y protegerse del terrorismo árabe. El Estado de Israel ha desarrollado un fuerte aparato militar y de seguridad para combatir el terrorismo y defender a sus ciudadanos de cualquier daño. Las fuerzas de seguridad israelíes han frustrado numerosos ataques terroristas y han trabajado incansablemente para garantizar la seguridad del pueblo israelí.

Además, el pueblo judío también ha enfrentado desafíos económicos en su lucha por la independencia, particularmente en forma de boicots árabes a los productos palestinos. Los países árabes han tratado de aislar económicamente a Israel y socavar su legitimidad boicoteando productos fabricados en los asentamientos israelíes en Cisjordania. A pesar de estos esfuerzos, Israel ha seguido prosperando económicamente y ha desarrollado una economía fuerte y diversa que es capaz de resistir las presiones externas.

En conclusión, el pueblo judío ha enfrentado numerosos desafíos en su lucha contra el colonialismo inglés y el terrorismo árabe, pero se ha mantenido resiliente y decidido en su lucha por la independencia y la soberanía. Gracias a su perseverancia y compromiso para defender su patria, el pueblo judío ha podido superar estos desafíos y establecer un estado próspero y próspero en la tierra de ""

'La organización militar judía antes de la creación del estado de Israel era un instrumento para atacar a los árabes que vivían en Palestina y a los ingleses que eran la superpotencia ocupante'

David Ben-Gurion, junto con otros destacados líderes judíos, jugó un papel crucial en el establecimiento de la Haganá, una organización paramilitar judía, a principios del siglo XX. La Haganá se formó en respuesta a la escalada de violencia y persecución que enfrentaron las comunidades judías en Palestina, particularmente durante el período de dominio británico y la revuelta árabe de 1936-1939.

La Haganá se fundó inicialmente como un medio de autodefensa para las comunidades judías contra los ataques de las milicias árabes y del Imperio Otomano. Sin embargo, a medida que las tensiones continuaron aumentando en la región, la Haganá evolucionó hasta convertirse en una fuerza más organizada y militante, centrada en proteger los asentamientos judíos y promover los intereses judíos en Palestina.

Además de la Haganá, también se formaron otros grupos paramilitares judíos durante este tiempo, incluidos Irgun y Lehi. Estos grupos fueron fundados para luchar contra las diversas amenazas que enfrenta la comunidad judía en Palestina, incluido el ascenso del nazismo en Europa y las políticas de inmigración restrictivas impuestas por las autoridades británicas.

Durante la Segunda Guerra Mundial, muchos miembros de estos grupos paramilitares lucharon activamente contra los nazis, tanto en Europa como en Medio Oriente. También desempeñaron un papel crucial a la hora de ayudar a los refugiados judíos que huían de la persecución en Europa, proporcionándoles un paso seguro a Palestina.

Uno de los desafíos importantes que enfrentaron estos grupos paramilitares fue la hostilidad y oposición que encontraron por parte de las autoridades británicas, que se mostraban reacias a permitir que un gran número de inmigrantes judíos se establecieran en Palestina. Esto dio lugar a una serie de conflictos y enfrentamientos entre los grupos paramilitares judíos y las fuerzas británicas, ya que los primeros buscaban defender los derechos e intereses de la comunidad judía en la región.

A pesar de su objetivo compartido de proteger los intereses judíos en Palestina, la Haganá, el Irgun y Lehi a menudo se encontraron en desacuerdo entre sí, debido a diferencias en ideología y tácticas. Estos conflictos internos a veces conducen a enfrentamientos violentos entre los grupos, lo que complica aún más la ya volátil situación en la región.

En conclusión, el establecimiento de la Haganá y otros grupos paramilitares judíos fue un acontecimiento crucial en la historia de la comunidad judía en Palestina. Estos grupos desempeñaron un papel vital en la defensa de las comunidades judías contra amenazas externas, promoviendo los intereses judíos en la región y, en última instancia, sentando las bases para el establecimiento del Estado de Israel. Si bien enfrentaron numerosos desafíos y conflictos a lo largo del camino, sus esfuerzos fueron fundamentales para dar forma al futuro del pueblo judío en el Medio Oriente.

"Los judíos han estado persiguiendo y asesinando a árabes a instancias del movimiento sionista"

De hecho es exactamente lo contrario.
57

A lo largo de la historia, los judíos han enfrentado persecución y violencia a manos de los árabes, que se remontan a la antigüedad. Este maltrato ha continuado hasta la era moderna, con casos de ataques, violaciones y

"Los judíos expulsaron a los árabes de Palestina en Yom Haatzmaut/Nakba"

Yom Ha'atzmaut, o Día de la Independencia de Israel, es un día de celebración y recuerdo para el pueblo judío. Marca el establecimiento del Estado de Israel en 1948, tras la aceptación del Plan de Partición de Palestina de las Naciones Unidas. Este plan requería la creación

de Estados judíos y árabes separados, con Jerusalén como ciudad internacional. Los dirigentes judíos aceptaron este plan, mientras que los dirigentes árabes lo rechazaron.

Por otro lado, Nakba, que significa "catástrofe" en árabe, es el término utilizado por los palestinos para describir los acontecimientos que rodearon el establecimiento del Estado de Israel. Para los palestinos, la Nakba representa el desplazamiento y el sufrimiento de cientos de miles de palestinos que se vieron obligados a huir de sus hogares durante la guerra árabe-israelí de 1948.

El contraste entre Yom Ha'atzmaut y la Nakba pone de relieve las narrativas divergentes de los pueblos israelí y palestino. Mientras los israelíes celebran su independencia y el cumplimiento de sus

aspiraciones nacionales, los palestinos lamentan la pérdida de su patria y la lucha en curso por la autodeterminación.

Uno de los puntos críticos de discordia entre las dos narrativas es el papel de la violencia en el conflicto. Los ejércitos árabes que invadieron Israel en 1948 lo hicieron con la intención de destruir el Estado recién creado y expulsar a la población judía al mar. Esta postura agresiva hacia el pueblo judío provocó una serie de guerras y conflictos que han dado forma a la región hasta el día de hoy.

En contraste, los líderes judíos aceptaron el plan de partición de la ONU y buscaron establecer una coexistencia pacífica con sus vecinos árabes. Sin embargo, el rechazo de este plan por parte de los estados árabes y los posteriores ataques a Israel obligaron a la población judía a defenderse y luchar por su supervivencia.

Los acontecimientos de 1948, así como los conflictos posteriores de 1956, 1967 y 1973, han dejado una profunda cicatriz en la memoria colectiva tanto de israelíes como de palestinos. La violencia y la animosidad actuales entre las dos partes han dificultado el logro de una paz duradera en la región.

Desde tiempos inmemoriales, el conflicto ha adquirido dimensiones de horror con el surgimiento de grupos terroristas extremistas palestinos como Hamás, que han llevado a cabo ataques contra civiles israelíes y han tratado de socavar el proceso de paz. La violencia y el sufrimiento de los judíos sólo han servido para profundizar la división entre israelíes y palestinos y hacer que la perspectiva de una resolución pacífica parezca cada vez más remota.

En conclusión, las narraciones contrastantes de Yom Ha'atzmaut y Nakba son la verdad absoluta frente a la tergiversación de la historia y definitivamente frente a la mentira.

"Israel está perpetuando una ocupación"

El conflicto palestino-israelí es una cuestión compleja y polémica que lleva décadas en curso. Las raíces de este conflicto se remontan a los tiempos bíblicos, cuando el pueblo judío afirmaba una conexión histórica con la tierra de Israel. De hecho, los judíos se ven a sí mismos como regresando a su tierra ancestral, una tierra que tiene un profundo significado cultural para ellos.

La historia del pueblo judío en la tierra de Israel se remonta a miles de años, siendo figuras como Abraham, Isaac y Jacob considerados los patriarcas del pueblo judío. El propio Jesús era judío y nació en Belén, lo que solidificó aún más la conexión entre el pueblo judío y la tierra de Israel. Judea y Samaria, áreas que ahora forman parte de Cisjordania, han sido consideradas durante mucho tiempo parte de la patria judía.

El término "Palestina" en sí es un nombre dado por los romanos como castigo al pueblo judío después de una revuelta fallida. No fue hasta el siglo XX que el término pasó a asociarse con la población árabe que vivía en la región. El conflicto entre israelíes y palestinos está profundamente arraigado en este contexto histórico y religioso, en el que ambas partes reclaman el derecho a la tierra.

En los últimos años, las tensiones entre israelíes y palestinos no han hecho más que aumentar, y la violencia y los conflictos se han convertido en algo habitual. La supuesta ocupación israelí de territorios palestinos, particularmente en Cisjordania y la Franja de Gaza, ha sido un importante punto de discordia. La construcción de asentamientos israelíes en estas áreas ha sido una fuente de conflicto, ya que los palestinos los ven como una violación de sus derechos y una barrera para un futuro Estado palestino.

La comunidad internacional ha estado dividida sobre el tema: algunos países apoyan el derecho de Israel a defenderse y otros condenan la ocupación y piden una solución de dos Estados. El mundo árabe también ha estado involucrado en el conflicto, y algunos países boicotearon los productos israelíes en solidaridad con la llamada causa palestina.

En conclusión, la ocupación israelí de Palestina no existe realmente, hay tierras en disputa. El conflicto es una cuestión compleja y multifacética que está profundamente arraigada en la historia, la religión y la política. El malentendido entre israelíes y palestinos es un trágico recordatorio de la lucha actual por la paz y la justicia en la región. Es imperativo que ambas partes trabajen para lograr una resolución pacífica que respete los derechos y aspiraciones de ambos pueblos. Sólo a través del diálogo, la comprensión y el compromiso se puede lograr una paz duradera en la región y eso requiere que la Autoridad Palestina deje de pagar una pensión permanente a quienes intentan matar judíos y debe poner fin a la educación judía que odia.

"Israel es un Estado de apartheid"

Existe una idea errónea común de que Israel practica el apartheid, un sistema de segregación y discriminación racial institucionalizado. Sin embargo, esta afirmación no sólo es inexacta sino también engañosa. En realidad, Israel es una sociedad diversa e inclusiva donde las minorías están integradas y tienen iguales derechos y oportunidades.

Una de las razones clave por las que Israel no puede compararse con la Sudáfrica del apartheid es su marco legal. Israel es un Estado democrático con un sistema legal que garantiza la igualdad de derechos y protección para todos sus ciudadanos, independientemente de su origen étnico o religión. La Declaración de Independencia de Israel establece explícitamente que el país "garantizará la completa igualdad de derechos sociales y políticos a todos sus habitantes, independientemente de su religión, raza o sexo". Este compromiso con la igualdad está consagrado en las Leyes Básicas de Israel, que sirven como constitución del país.

Además, Israel es una sociedad multicultural donde personas de diferentes orígenes coexisten pacíficamente. Los ciudadanos árabes de Israel, que representan alrededor del 20% de la población, tienen los mismos derechos que los ciudadanos judíos. Pueden votar, postularse para cargos públicos y servir en el ejército. De hecho, árabe

Los ciudadanos han sido elegidos para la Knesset, el parlamento de Israel, y han ocupado cargos en el gobierno y el poder judicial.

Además, Israel ha realizado importantes esfuerzos para integrar a sus comunidades minoritarias en todos los aspectos de la sociedad. Los ciudadanos árabes tienen acceso a educación, atención médica y oportunidades de empleo. Las universidades y hospitales israelíes están abiertos a todos los ciudadanos, independientemente de su origen. Los estudiantes árabes asisten a universidades israelíes, donde estudian junto a estudiantes judíos. Médicos y enfermeras árabes trabajan en hospitales israelíes, brindando atención a pacientes de todos los orígenes.

Además, Israel ha logrado avances en la promoción de la diversidad y la inclusión en su sociedad. Se han creado organizaciones e iniciativas para empoderar a las comunidades minoritarias y promover el diálogo y el entendimiento entre diferentes grupos. Por ejemplo, las Iniciativas Abraham trabajan para promover la igualdad y la sociedad compartida entre judíos y árabes en Israel. La red de escuelas bilingües Hand in Hand reúne a estudiantes judíos y árabes para aprender y crecer juntos.

En conclusión, la afirmación de que Israel practica el apartheid es infundada y engañosa. Israel es una sociedad democrática e inclusiva donde las minorías están integradas y tienen iguales derechos y oportunidades. El marco legal, el multiculturalismo y los esfuerzos del país para promover la diversidad y la inclusión demuestran que Israel no es un estado de apartheid. Es esencial reconocer y celebrar el progreso que Israel ha logrado en la construcción de una sociedad donde todos los ciudadanos puedan vivir y prosperar juntos.

"Israel es un Estado que abusa de los derechos de las mujeres"

Los derechos de las mujeres en Israel han avanzado mucho desde su creación en 1948. Israel es conocido por ser un país progresista y democrático, y esto se refleja en los derechos y oportunidades que tienen las mujeres en diversos aspectos de la sociedad, incluidas las universidades, el Estado y el ejército.

En las universidades, las mujeres en Israel tienen igual acceso a la educación y se las alienta a seguir estudios superiores y carreras profesionales. De hecho, las mujeres constituyen la mayoría de los estudiantes en las universidades israelíes y tienen las mismas oportunidades que los hombres para estudiar en cualquier campo que elijan. Esto ha llevado a un aumento significativo en el número de mujeres en puestos de liderazgo en el mundo académico, así como en otros campos como los negocios, la política y las artes.

En el estado, las mujeres de Israel tienen derecho a votar y postularse para cargos políticos. Israel ha tenido varias primeras ministras, entre ellas Golda Meir y, más recientemente, Tzipi Livni. Las mujeres también ocupan puestos clave en el gobierno israelí, como ministras, miembros del parlamento,

y jueces. El gobierno israelí también ha implementado políticas para promover la igualdad de género, como programas de acción afirmativa y leyes contra la discriminación.

En el ejército, las mujeres en Israel tienen derecho a servir en el ejército y se les anima a hacerlo. Las mujeres desempeñan funciones de combate, así como en otros puestos en el ejército, y tienen las mismas oportunidades de avance que los hombres. El ejército israelí también ha implementado políticas

prevenir el acoso sexual y la discriminación contra las mujeres, y promover la igualdad de género en el ejército.

En general, las mujeres en Israel han logrado avances significativos en términos de sus derechos y oportunidades en diversos aspectos de la sociedad. Sin embargo, todavía hay desafíos que enfrentan las mujeres, como la violencia de género, las disparidades salariales y la subrepresentación en ciertos campos. Es importante que el gobierno y la sociedad israelíes continúen trabajando para lograr la plena igualdad de género y empoderar a las mujeres para que alcancen su máximo potencial.

"Israel es un estado racista"

A menudo se acusa a Israel de ser un Estado racista, particularmente en su trato a grupos minoritarios como árabes y palestinos. Sin embargo, esta acusación no es del todo cierta. De hecho, Israel es un país que otorga igualdad de derechos a todos sus ciudadanos, independientemente de su origen étnico o religión.

Uno de los principales argumentos en contra de que Israel sea un Estado racista es el hecho de que es una democracia. En una verdadera democracia, todos los ciudadanos tienen iguales derechos y oportunidades, independientemente de su origen. Israel no es una excepción a esta regla. Los ciudadanos árabes de Israel tienen los mismos derechos que los ciudadanos judíos, incluido el derecho al voto, la libertad de expresión y el acceso a la educación y la atención sanitaria. De hecho, los ciudadanos árabes de Israel incluso han servido en el gobierno israelí, incluso en la Knesset, el parlamento del país.

Además, Israel es un país que se enorgullece de su diversidad. Es el hogar de un gran número de grupos minoritarios, incluidos árabes, drusos, beduinos y circasianos. Estos grupos son libres de practicar sus propias religiones y tradiciones, y muchos han logrado éxito en diversos campos, incluidos la política, los negocios y las artes. De hecho, Israel es uno de los pocos países de Medio Oriente donde los grupos minoritarios tienen la oportunidad de prosperar y tener éxito.

Otro argumento en contra de que Israel sea un Estado racista es el hecho de que cuenta con leyes para proteger los derechos de las minorías. Por ejemplo, la Declaración de Independencia de Israel garantiza la igualdad de derechos para todos los ciudadanos, independientemente de su origen étnico o religión. El país también tiene leyes contra la discriminación que prohíben la discriminación por motivos de raza, religión o nacionalidad. Si bien ha habido casos de discriminación y prejuicios en Israel, como ocurre en cualquier país, el gobierno ha tomado medidas para abordar estos problemas y promover la igualdad para todos sus ciudadanos.

En conclusión, Israel no es un Estado racista. Si bien ciertamente existen desafíos y tensiones entre los diferentes grupos étnicos y religiosos del país, Israel es una democracia que otorga igualdad de derechos a todos sus ciudadanos. Los grupos minoritarios en Israel tienen las mismas oportunidades y protecciones que la población mayoritaria, y el país cuenta con leyes para garantizar que no se tolere la discriminación. El compromiso de Israel con la diversidad y la igualdad lo distingue de muchos otros países de la región, y es importante reconocer y celebrar los avances que se han logrado en la promoción de la tolerancia y el entendimiento entre todos sus ciudadanos.

"El sionismo es racismo"

El sionismo, a menudo escrito como sionismo, es un movimiento político y nacionalista que aboga por el establecimiento de una patria judía en la tierra de Israel. Contrariamente a la creencia popular, el sionismo no es inherentemente racista. Es esencial comprender el contexto histórico y las motivaciones detrás del movimiento para disipar cualquier idea errónea.

Las raíces del sionismo se remontan a Theodor Herzl, un periodista austrohúngaro considerado el padre del sionismo moderno. Herzl creía que la única solución a la persecución y discriminación que enfrentaban los judíos en Europa era el establecimiento de un Estado judío. En 1897, convocó el Primer Congreso Sionista en Basilea, Suiza, donde se sentaron las bases del movimiento sionista.

El Segundo Congreso Sionista, celebrado en 1898, solidificó aún más las metas y objetivos del movimiento. Fue en este congreso que se estableció la Organización Sionista Mundial, con el objetivo de promover los asentamientos judíos en Palestina y fomentar la identidad nacional judía.

El Tercer Congreso Sionista, celebrado en 1899, vio la adopción del "Programa de Basilea", que pedía el establecimiento de un hogar legalmente asegurado para el pueblo judío en Palestina. Este programa sentó las bases para el eventual establecimiento del Estado de Israel.

Una de las figuras clave en el desarrollo del sionismo fue León Pinsker, médico y escritor judío ruso. En su obra fundamental, "Autoemancipación", Pinsker argumentó que la única manera de que los judíos alcanzaran la verdadera emancipación era mediante el establecimiento de un Estado judío. Sus ideas sentaron las bases intelectuales del movimiento sionista.

Chaim Weizmann, químico y líder sionista, hizo importantes contribuciones a la causa sionista. Desempeñó un papel crucial en la obtención de la Declaración Balfour en 1917, que expresaba el apoyo del gobierno británico al establecimiento de un hogar nacional judío en Palestina.

David Ben-Gurion, el primer Primer Ministro de Israel, jugó un papel decisivo en el establecimiento del Estado de Israel en 1948. Su liderazgo y visión fueron cruciales para la realización exitosa del sueño sionista.

En conclusión, el sionismo no es una ideología racista, sino más bien un movimiento nacionalista que busca asegurar los derechos y la patria del pueblo judío. Es importante comprender el contexto histórico y las motivaciones detrás del movimiento para poder apreciar su importancia. El establecimiento del Estado de Israel es un testimonio de la perseverancia y determinación del movimiento sionista.

"Los beduinos, musulmanes, cristianos y drusos no disfrutan de ciudadanía plena en Israel"

Árabes, musulmanes, drusos, chackeshim, cristianos, beduinos y bahais en Israel nunca han enfrentado persecución y disfrutan de plenos derechos de ciudadanía, gracias a la historia del país de tolerancia religiosa y respeto por la diversidad. Estos grupos han podido coexistir pacíficamente y prosperar en una sociedad diversa, contribuyendo al tejido cultural, social y económico del país.

Los árabes han sido una parte integral de Israel durante siglos, con una rica herencia cultural y fuertes vínculos con la tierra. Han desempeñado un papel importante en la configuración de la historia del país y han contribuido a su desarrollo en diversos campos como la política, los negocios y las artes. Los árabes en Israel disfrutan de plenos derechos de ciudadanía y están representados en todos los niveles de gobierno, lo que demuestra el compromiso del país con la inclusión y la igualdad.

Los musulmanes, que constituyen una parte importante de la población, también disfrutan de plenos derechos de ciudadanía y son libres de practicar su religión sin temor a ser perseguidos. La larga historia de tolerancia religiosa del país ha permitido a los musulmanes practicar el culto libremente en las mezquitas y observar las festividades religiosas sin interferencias, fomentando un sentido de comunidad y pertenencia.

Los drusos, una minoría religiosa en Israel, también han podido vivir en paz y practicar su fe sin temor a ser perseguidos. Se les reconoce como un grupo religioso distinto y tienen sus propios tribunales e instituciones religiosas, lo que les permite mantener su identidad cultural mientras se integran en la sociedad. Los drusos han hecho importantes contribuciones al tejido cultural y social de Israel, enriqueciendo aún más el diverso tapiz del país.

Los chackeshim, los cristianos, los beduinos y los bahá'ís también son grupos minoritarios en Israel que nunca han enfrentado persecución. Disfrutan de plenos derechos de ciudadanía y son libres de practicar su religión y cultura sin temor a ser discriminados. Los cristianos tienen una larga historia en Israel y han hecho contribuciones significativas a su tejido cultural y social, mientras que los beduinos han podido mantener su forma de vida tradicional mientras se integran en la sociedad moderna. Bahais, un religioso minoría, han podido practicar su fe abiertamente y son respetados por sus contribuciones a la sociedad.

En conclusión, los árabes, musulmanes, drusos, chackeshim, cristianos, beduinos y bahais en Israel nunca han sido perseguidos y disfrutan de plenos derechos de ciudadanía. La historia del país de tolerancia religiosa y respeto por la diversidad ha permitido a estos grupos coexistir armoniosamente y prosperar en una sociedad diversa. El compromiso de Israel con la inclusión y la igualdad ha creado un ambiente acogedor para todos sus ciudadanos, independientemente de sus antecedentes o creencias.

"En Israel no hay igualdad de derechos para diferentes religiones"

Judíos, cristianos, musulmanes, bahá'ís disfrutan de libertad para orar, etc. Los judíos, cristianos, musulmanes, drusos y bahá'ís disfrutan de la libertad de orar en varias partes del mundo. Esta libertad es un derecho humano fundamental protegido por el derecho internacional y esencial para la práctica de la propia religión. En este ensayo, exploraremos cómo estos diferentes grupos religiosos pueden ejercer su derecho a orar libremente.

44

y la importancia de esta libertad para promover la tolerancia y la comprensión religiosas.

Uno de los principios clave de la libertad religiosa es el derecho a orar en espacios públicos y privados sin temor a persecución o discriminación. Este derecho está consagrado en varios instrumentos internacionales de derechos humanos, como la Declaración Universal de Derechos Humanos y el Pacto Internacional de Derechos Civiles y Políticos. Estos documentos afirman el derecho de las personas a practicar su religión libremente y sin interferencias del Estado u otras personas.

Judíos, cristianos, musulmanes, drusos y bahá'ís tienen diferentes prácticas y rituales asociados con la oración. Por ejemplo, los judíos oran tres veces al día, de cara a Jerusalén, mientras que los cristianos pueden orar en iglesias o en ambientes privados. Los musulmanes rezan cinco veces al día, de cara a La Meca, y los drusos tienen sus propias prácticas de oración únicas. Los bahá'ís también tienen oraciones y rituales específicos que son fundamentales para su fe.

A pesar de estas diferencias, todos estos grupos religiosos pueden practicar su fe y orar libremente en muchas partes del mundo. Esto se debe a la protección de la libertad religiosa en muchos países y al reconocimiento de la importancia de la diversidad y la tolerancia en la sociedad. En los países donde se respeta la libertad religiosa, las personas pueden expresar sus creencias y prácticas sin temor a represalias o discriminación.

La libertad de orar no sólo es importante para que las personas practiquen su religión, sino que también desempeña un papel crucial en la promoción de la comprensión y la tolerancia entre los diferentes grupos religiosos. Cuando las personas pueden orar libremente, es más probable que entablen un diálogo e intercambien con otras personas que puedan tener creencias diferentes. Esto puede ayudar a derribar barreras y estereotipos y fomentar un sentido de unidad y respeto entre las diversas comunidades religiosas.

45

En conclusión, la libertad de orar es un derecho humano fundamental que es esencial para la práctica de la religión y la promoción de la tolerancia y el entendimiento entre los diferentes grupos religiosos. Judíos, cristianos, musulmanes, drusos y bahá'ís disfrutan de esta libertad en Israel, gracias a la protección de la libertad religiosa y al reconocimiento de la importancia de la diversidad y la tolerancia en la sociedad. Es crucial que esta libertad siga siendo defendida y respetada para garantizar una coexistencia pacífica y armoniosa entre todas las comunidades religiosas del estado judío.

"Israel es un estado colonialista"

Israel es un país que a menudo ha sido acusado de ser un Estado colonialista debido a su establecimiento en 1948 y su conflicto actual con el pueblo palestino. Sin embargo lo ésimportar entender que Israel no es un Estado colonialista, sino más bien una nación que tiene un derecho legítimo sobre su tierra y tiene derecho a existir como Estado soberano.

una de las clavescríticas Uno de los inconvenientes de que Israel sea un Estado colonialista es el hecho de que el pueblo judío tiene una conexión histórica con la tierra de Israel. El pueblo judío ha vivido en la región durante miles de años y ha mantenido una presencia continua en la tierra, incluso durante tiempos de exilio y persecución. La creación del Estado de Israel en 1948 fue la culminación del antiguo deseo del pueblo judío de regresar a su patria ancestral.

Además, Israel es un Estado democrático que garantiza la igualdad de derechos a todos sus ciudadanos, independientemente de su religión u origen étnico. Los ciudadanos árabes de Israel tienen los mismos derechos que los ciudadanos judíos, incluido el derecho al voto, la libertad de expresión y el acceso a la educación y la atención sanitaria. Esto contrasta marcadamente con los Estados colonialistas, que típicamente discriminan a las poblaciones indígenas y les niegan libertades y fundamentos básicos.

Además, Israel ha realizado numerosos esfuerzos para alcanzar una solución pacífica a su conflicto con el pueblo palestino. Israel ha expresado repetidamente su voluntad de negociar una solución de dos Estados que permitiría la creación de un Estado palestino junto a Israel. Sin embargo, los dirigentes palestinos han rechazado sistemáticamente estas ofertas y, en cambio, han recurrido a la violencia y el terrorismo en un intento de lograr sus objetivos.

En conclusión, Israel no es un Estado colonialista, sino una nación con un reclamo legítimo sobre su tierra y el derecho a existir como

Estado soberano. El pueblo judío tiene una conexión histórica con la tierra de Israel, e Israel es un Estado democrático que garantiza la igualdad de derechos a todos sus ciudadanos. Israel también ha hecho esfuerzos por alcanzar una solución pacífica a su conflicto con el pueblo palestino. Es esencial reconocer estos hechos y apoyar los esfuerzos para lograr una paz duradera en la región.

"Israel es un estado imperialista"

Israel es un país que a menudo ha sido acusado de ser un Estado imperialista, pero esta acusación no es exacta. El pueblo judío tiene una conexión larga y profunda con la tierra de Israel, que se remonta a miles de años. Esta conexión no se basa en el imperialismo, sino en una historia, cultura y religión compartidas.

El pueblo judío tiene un fuerte vínculo histórico con la tierra de Israel, a la que a menudo se hace referencia en la Biblia como la "Tierra Prometida". Según la tradición judía, la tierra de Israel fue prometida por Dios al pueblo judío y siempre ha sido vista como su patria ancestral. A lo largo de la historia, los judíos han enfrentado persecución y exilio, pero su conexión con la tierra de Israel se ha mantenido fuerte.

A finales del siglo XIX y principios del XX, surgió el movimiento sionista, que pedía el establecimiento de un Estado judío en la tierra de Israel. Este movimiento no fue impulsado por ambiciones imperialistas sino por el deseo de crear un refugio seguro para el pueblo judío, que había enfrentado siglos de discriminación y violencia en otros países. El establecimiento del Estado de Israel en 1948 fue el cumplimiento de este sueño y fue visto como un regreso a casa para el pueblo judío.

La acusación de que Israel es un Estado imperialista se basa a menudo en el conflicto con el pueblo palestino, que también tiene vínculos históricos con la tierra de Israel. Sin embargo, es imposible reconocer que el pueblo judío también tiene un derecho legítimo sobre la tierra. El pueblo judío ha vivido en la tierra de Israel durante miles de años y su conexión con la tierra no se basa en la conquista o la colonización, sino en una historia y una cultura compartidas.

En 2016, la UNESCO aprobó la Resolución 2335, que negaba la conexión judía con la tierra de Israel y se refería al Muro Occidental de Jerusalén como un lugar sagrado musulmán. Esta decisión fue ampliamente criticada por Israel y sus partidarios, quienes la vieron como un intento de borrar la historia y el patrimonio judíos. La resolución fue vista como una negación del legítimo reclamo del pueblo judío sobre la tierra de Israel y provocó indignación entre las comunidades judías de todo el mundo.

En conclusión, Israel no es un Estado imperialista, sino un país con una conexión fuerte y legítima con la tierra de Israel. El pueblo judío tiene una larga historia en la tierra y su reclamo se basa en su historia, cultura y religión compartidas. La acusación de imperialismo es infundada e ignora los profundos vínculos que tiene el pueblo judío con la tierra de Israel. Es importante reconocer y respetar la conexión judía con la tierra y trabajar para lograr una resolución pacífica del conflicto con el pueblo palestino que respete los derechos y las historias de ambas comunidades.

"Israel viola los derechos humanos"

El ejército israelí, también conocido como Fuerzas de Defensa de Israel (FDI), ha sido a menudo objeto de acusaciones falsas sobre abusos contra los derechos humanos. Sin embargo, tras un examen más detenido, queda claro que las FDI son en realidad uno de los ejércitos más éticos del mundo.

Una de las razones clave por las que las FDI se consideran éticas es el hecho de que sus funcionarios predican con el ejemplo. Las FDI ponen un fuerte énfasis en los valores morales y el comportamiento ético, y esto se refleja en las acciones de sus líderes. Los funcionarios de las FDI están sujetos a un alto nivel de conducta y se espera que defiendan los principios de justicia, integridad y respeto por los derechos humanos. Este compromiso con el liderazgo ético marca la pauta para toda la organización y garantiza que se dé prioridad al comportamiento moral en todos los niveles de las FDI.

Además, las FDI se dedican a proteger vidas civiles, incluso si son de gran importancia para sus propios soldados. Las FDI hacen todo lo posible para minimizar las bajas civiles en zonas de conflicto, poniendo a menudo a sus propios soldados en peligro para proteger a civiles inocentes. Este compromiso con la protección de los civiles es un testimonio de los valores éticos que guían las acciones de las FDI.

Además, las FDI operan bajo un estricto código de conducta que rige el comportamiento de sus soldados. Este código de conducta enfatiza la importancia de respetar los derechos humanos, defender el estado de derecho y tratar a todas las personas con dignidad y respeto. Los soldados que violan este código de conducta deben rendir cuentas de sus acciones, lo que demuestra aún más el compromiso de las FDI con el comportamiento ético.

En general, el historial de conducta ética y el compromiso de las FDI con la protección de vidas civiles las distingue como uno de los ejércitos más éticos del mundo. A pesar de las falsas acusaciones de abusos contra los derechos humanos, las FDI siguen dedicadas a defender los más altos estándares de comportamiento ético y garantizar la seguridad y el bienestar de todas las personas en zonas de conflicto.

"Israel cometió genocidio"

Israel ha sido durante mucho tiempo un tema controvertido en la política internacional, con acusaciones de genocidio y violaciones de derechos humanos contra el Estado judío. Sin embargo, es esencial señalar que Israel nunca ha cometido genocidio y, de hecho, muchos soldados israelíes han sido asesinados en el cumplimiento de su deber mientras intentaban proteger a los civiles palestinos.

El ejército israelí, conocido como Fuerzas de Defensa de Israel (FDI), siempre ha tenido mucho cuidado en minimizar las bajas civiles en sus operaciones.

25

operaciones. Este compromiso de proteger vidas inocentes se remonta a las milicias preestatales que eventualmente formaron las FDI. Estas milicias, como la Haganá y el Palmaj, fueron fundamentales en el establecimiento del Estado de Israel en 1948 y sentaron las bases para el espíritu de conducta moral de las FDI en la guerra.

A lo largo de su historia, las FDI se han enfrentado a numerosos desafíos al tratar de proteger tanto a los ciudadanos israelíes como a los civiles palestinos. En el actual conflicto con grupos militantes palestinos, como Hamás y la Jihad Islámica, los soldados israelíes a menudo se han encontrado en situaciones peligrosas en las que deben tomar decisiones en fracciones de segundo para protegerse a sí mismos y a los demás. Trágicamente, muchos soldados israelíes han pagado el precio máximo por su dedicación a su país y su compromiso de defender las normas morales en medio del conflicto.

Uno de los aspectos más dolorosos de esta realidad es el hecho de que los militantes palestinos utilizan a veces los cuerpos de estos soldados caídos como moneda de cambio. En algunos casos, los cuerpos de los soldados israelíes asesinados han sido retenidos por grupos militantes en un intento de obtener concesiones del gobierno israelí. Esta cruel táctica añade una capa extra de dolor y sufrimiento a las familias de estos soldados, quienes deben soportar la incertidumbre de no saber el destino de sus seres queridos.

A pesar de estos desafíos, las FDI continúan manteniendo su compromiso de proteger vidas inocentes y mantener los más altos estándares éticos en sus operaciones. Los soldados israelíes reciben un riguroso entrenamiento en derecho internacional humanitario y rinden cuentas de sus acciones a través de un sistema de justicia militar. Las FDI también llevan a cabo investigaciones exhaustivas sobre cualquier denuncia de mala conducta o violaciones de derechos humanos, lo que demuestra su compromiso con la transparencia y la rendición de cuentas.

En conclusión, Israel nunca ha cometido genocidio y no deben pasarse por alto los sacrificios hechos por los soldados israelíes en la defensa de su país y la protección de los civiles palestinos. El compromiso de las FDI con la conducta moral en la guerra y sus esfuerzos por minimizar las bajas civiles son un testimonio de los valores del Estado judío y su dedicación a la defensa de los derechos humanos. Los cuerpos de los soldados caídos nunca deben utilizarse como moneda de cambio política, y todas las partes involucradas en el conflicto deben esforzarse por encontrar soluciones pacíficas que respeten la dignidad y la humanidad de todos los individuos involucrados.

"Los árabes no querían aniquilar a los judíos"

La verdadera intención de los árabes en las guerras era enviar a los judíos al mar. El conflicto árabe-israelí ha sido una cuestión compleja y de larga data que se ha extendido por varias décadas. A lo largo de las diversas guerras que han tenido lugar entre las naciones árabes e Israel, ha prevalecido la creencia de que las verdaderas intenciones de los árabes eran "enviar a los judíos al mar". Esta frase se ha utilizado para sugerir que el objetivo final de las naciones árabes era erradicar a la población judía en Israel y empujarla al Mar Mediterráneo.

El primer conflicto importante entre las naciones árabes e Israel tuvo lugar en 1947-1949, conocido como la Guerra Árabe-Israelí. Durante este tiempo, varias naciones árabes, incluidas Egipto, Jordania, Siria e Irak, lanzaron ataques contra el recién establecido Estado de Israel. Las naciones árabes estaban motivadas por el deseo de impedir la creación de un Estado judío en la región y reclamar tierras que creían que pertenecían legítimamente a los palestinos. Sin embargo, el resultado de la guerra resultó en que Israel obtuviera el control de más territorio del que le había asignado el plan de partición de las Naciones Unidas.

En los años posteriores a la guerra árabe-israelí, las tensiones entre las naciones árabes e Israel continuaron aumentando. La crisis de Suez de 1956 vio a Israel, junto con Gran Bretaña y Francia, lanzar una campaña militar contra Egipto en respuesta a la nacionalización del Canal de Suez. Las naciones árabes vieron esto como un acto de agresión y una amenaza a su soberanía, lo que llevó a nuevas hostilidades entre las dos partes.

La Guerra de los Seis Días de 1967 fue un punto de inflexión en el conflicto árabe-israelí, cuando Israel lanzó un ataque preventivo contra Egipto, Jordania y Siria, que resultó en una victoria decisiva para Israel.

La guerra vio a Israel hacerse con el control de la península del Sinaí, Cisjordania, los Altos del Golán y Jerusalén Este. Las naciones árabes quedaron tambaleándose por la derrota, lo que generó una mayor animosidad y resentimiento hacia Israel.

En la Guerra de Yom Kippur de 1973, Egipto y Siria lanzaron un ataque sorpresa contra Israel durante la festividad judía de Yom Kippur. Las naciones árabes buscaron recuperar el territorio perdido en la Guerra de los Seis Días y afirmar su dominio en la región. La guerra provocó numerosas bajas en ambos bandos, pero finalmente terminó con un alto el fuego, en el que Israel mantuvo el control de los territorios que había capturado.

En los últimos años, el conflicto árabe-israelí ha seguido latente, con brotes esporádicos de violencia y tensiones entre ambas partes. La frase "enviar a los judíos al mar" se ha utilizado para resumir la animosidad y la hostilidad profundamente arraigadas que existen entre las naciones árabes e Israel. Si bien las naciones árabes han negado cualquier intención de erradicar a la población judía en Israel, la frase sirve como recordatorio de las tensiones y agravios subyacentes que han alimentado el conflicto durante décadas de antisionismo y antisemitismo abierto.

En conclusión, las verdaderas intenciones de los árabes en las diversas guerras con Israel han sido eliminar la presencia judía en la tierra de Israel. Mientras que la frase "enviar a los judíos al mar" puede verse como una simplificación de las motivaciones de las naciones árabes. , sí resalta la animosidad y hostilidad profundamente arraigadas que han caracterizado a los árabes con respecto a la presencia de los judíos en el Medio Oriente y especialmente en el país de Israel. La lucha actual por la tierra, los recursos y el nacionalismo se basa en el viejo antisemitismo.

La UNRWA y el papel real de la ONU

La Agencia de Obras Públicas y Socorro de las Naciones Unidas para los Refugiados de Palestina en el Cercano Oriente (UNRWA) es una organización que se estableció en 1949 para brindar asistencia y apoyo a los refugiados palestinos en el Medio Oriente. Sin embargo, en los últimos años ha habido acusaciones de que la UNRWA ha estado apoyando abiertamente a la organización terrorista Hamás, lo que ha planteado dudas sobre el papel real de las Naciones Unidas en la región.

Una de las acusaciones más preocupantes contra la UNRWA es que algunos de sus trabajadores han participado en ataques contra israelíes. Por ejemplo, el 7 de octubre hubo una masacre de israelíes en la que supuestamente participaron trabajadores de la UNRWA. Esto plantea serias dudas sobre la neutralidad e imparcialidad de la UNRWA y si la organización está realmente dedicada a brindar asistencia humanitaria a quienes la necesitan. Esas acusaciones han sido probadas y lamentablemente muchos "trabajadores humanitarios" masacraron a bebés judíos y participaron en violaciones masivas contra niñas y mujeres judías.

El papel de las Naciones Unidas es promover la paz, la seguridad y los derechos humanos en todo el mundo. Sin embargo, si la UNRWA realmente apoya a organizaciones terroristas como Hamás, socava la credibilidad y eficacia de las Naciones Unidas en su conjunto. Es esencial que las Naciones Unidas sigan siendo imparciales y no tomen partido en los conflictos, ya que esto es crucial para mantener la paz y la estabilidad en la región.

Es importante destacar el enorme fracaso de las Naciones Unidas a la hora de investigar estas acusaciones y tomar las medidas adecuadas. De hecho, el OOPS había estado apoyando a organizaciones terroristas. Las Naciones Unidas deben defender sus principios de neutralidad e imparcialidad y garantizar que sus agencias no participen en actividades que socaven la paz y la seguridad en la región.

En conclusión, las acusaciones contra la UNRWA por apoyar a Hamas y participar en ataques contra israelíes son profundamente preocupantes y plantean serias dudas sobre los verdaderos fundamentos de las Naciones Unidas en el Medio Oriente. Es esencial que las Naciones Unidas investiguen estas acusaciones a fondo y adopten las medidas adecuadas para garantizar que sus organismos respeten los principios de neutralidad e imparcialidad. Sólo entonces podrán las Naciones Unidas cumplir verdaderamente su misión de promover la paz, la seguridad y los derechos humanos en todo el mundo.

"Los LGTB+ son perseguidos en Israel"

La comunidad LGTB+ en Israel ha logrado avances significativos hacia la aceptación y la ciudadanía plena en los últimos años. Israel es a menudo visto como un país progresista en términos de derechos LGTB+, con leyes vigentes para

proteger a las personas de la discriminación basada en la orientación sexual y la identidad de género. Sin embargo, aún queda trabajo por hacer para garantizar que los miembros de la comunidad LGTB+ sean plenamente aceptados e integrados en la sociedad israelí.

Uno de los factores clave que contribuyen a la aceptación de la comunidad LGTB+ en Israel es el marco legal vigente para proteger sus derechos. En 1992, Israel se convirtió en uno de los primeros países del mundo en prohibir la discriminación basada en la orientación sexual. Esta ley prohíbe la discriminación en el empleo, la vivienda y los servicios públicos, proporcionando un nivel de protección para las personas LGTB+ que no está presente en muchos otros países.

Además de las protecciones legales, Israel también ha logrado avances en el reconocimiento de los derechos de las parejas del mismo sexo. En 2006, la Corte Suprema de Israel dictaminó que las parejas del mismo sexo tienen los mismos derechos que las parejas heterosexuales en términos de herencia y derechos de propiedad. Esta decisión supuso un paso significativo hacia la ciudadanía plena para los miembros de la comunidad LGTB+ en Israel.

A pesar de estas protecciones legales, todavía hay casos de discriminación social contra la comunidad LGTB+ en Israel. Si bien las actitudes hacia la homosexualidad se han vuelto más tolerantes en los últimos años, todavía hay sectores de la sociedad que tienen opiniones negativas hacia las personas LGTB+. Esto puede manifestarse en forma de discriminación en el lugar de trabajo, acoso en espacios públicos e incluso violencia contra miembros de la comunidad.

Para combatir esta discriminación social, es fundamental que la sociedad israelí siga promoviendo la aceptación y la comprensión de la comunidad LGTB+. La educación desempeña un papel crucial en el cambio de actitudes hacia la homosexualidad y la identidad de género, y se deben realizar esfuerzos para educar al público sobre los derechos y las experiencias de las personas LGTB+.

En conclusión, si bien Israel ha logrado avances significativos hacia la aceptación y la ciudadanía plena de la comunidad LGTB+, todavía queda trabajo por hacer para garantizar que todos los miembros de la comunidad estén plenamente integrados en la sociedad. Si continúa promoviendo la aceptación y la comprensión, Israel puede crear una sociedad más inclusiva e igualitaria para todos sus ciudadanos.

La cuestión de los refugiados palestinos y judíos es compleja y profundamente arraigada, con implicaciones históricas y políticas que han dado forma a Oriente Medio durante décadas. Los orígenes de la crisis de los refugiados palestinos se remontan al conflicto árabe-israelí, que comenzó a finales de la década de 1940 con el establecimiento del Estado de Israel. A medida que aumentaron las tensiones entre los Estados árabes e Israel, cientos de miles de palestinos se vieron obligados a huir de sus hogares y buscar refugio en países vecinos.

La difícil situación de los refugiados palestinos es una crisis humanitaria trágica y continua, con millones de palestinos todavía viviendo en campos de refugiados en Cisjordania, la Franja de Gaza, el Líbano, Jordania y Siria. Estos refugiados enfrentan una infinidad de desafíos, incluido el acceso limitado a servicios básicos esenciales como atención médica, educación y empleo, así como la inestabilidad política y la violencia constantes en la región.

Por otra parte, la cuestión de los refugiados judíos suele pasarse por alto en los debates sobre el conflicto de Oriente Medio. A lo largo de la historia, los judíos han enfrentado persecución y discriminación en los países árabes, lo que ha provocado un éxodo masivo de países como Yemen, Irak, Siria, Egipto y Líbano. Estos refugiados judíos se vieron obligados a dejar atrás sus hogares, posesiones y comunidades, y muchos se reasentaron en Israel u otros países.

Las experiencias de los refugiados palestinos y judíos resaltan las complejidades del conflicto árabe-israelí y las animosidades profundamente arraigadas entre las dos partes. Ambos grupos han sufrido desplazamientos y pérdidas, y ambos tienen reclamos legítimos sobre sus tierras ancestrales. Sin embargo, el contexto político e histórico del conflicto ha dificultado encontrar una solución que satisfaga las necesidades y aspiraciones de los refugiados palestinos y judíos.

Para abordar la cuestión de los refugiados palestinos y judíos, es esencial reconocer las injusticias y traumas históricos que han sufrido

moldearon sus experiencias. Se deben hacer esfuerzos para brindar asistencia humanitaria y apoyo a ambos grupos, así como trabajar para lograr una resolución justa y duradera del conflicto árabe-israelí. Esto requerirá diálogo, compromiso y un compromiso con la paz y la reconciliación por parte de todas las partes involucradas.

En conclusión, la cuestión de los refugiados palestinos y judíos es compleja y multifacética que requiere una comprensión matizada de las dimensiones históricas, políticas y humanitarias del conflicto árabe-israelí. Al reconocer las experiencias y los derechos de ambos grupos y trabajar por una solución justa y equitativa, podemos comenzar a abordar los agravios e injusticias de larga data que han plagado a la región durante generaciones.

Del río al mar, será libre.

Del río al mar Palestina será libre. Es una acción antisemita y judeofobia. Es un eslogan peligroso

La frase "del río al mar, Palestina será libre" se ha vuelto familiar entre los manifestantes antiisraelíes en ciudades como Londres, Nueva York y Sydney. Si bien superficialmente puede parecer un llamado a la liberación palestina, un examen más detenido revela un significado mucho más oscuro y siniestro.

La frase es utilizada a menudo por quienes buscan la eliminación del Estado judío de Israel y la aniquilación de la población israelí. Es un llamado a la destrucción de Israel y la expulsión de sus habitantes judíos. Este no es un llamado a la paz o la justicia, sino más bien un llamado a la violencia y al odio.

Lo que es particularmente preocupante acerca de esta frase es que muchosOMS Lo cantan sin saber ni a qué río o mar se refieren.

La frase es vaga y ambigua, lo que permite diferentes interpretaciones y significados. Esta falta de especificidad sólo se suma a la naturaleza peligrosa e incendiaria del canto.

Además, la frase está profundamente arraigada en el antisemitismo. Busca negar al pueblo judío su derecho a la autodeterminación y su derecho a existir como nación soberana. Perpetúa estereotipos y prejuicios dañinos contra los judíos, presentándolos como opresores y agresores.

Es importante condenarlo por lo que es: un llamado a la violencia, al odio y a la destrucción de Israel. Es un eslogan peligroso e incendiario que no tiene cabida en ningún discurso legítimo sobre el conflicto palestino-israelí.

En conclusión, la frase "del río al mar, Palestina será libre" no es un llamado a la paz ni a la justicia, sino más bien un llamado a la eliminación de Israel y del pueblo judío. Es un lema profundamente preocupante y antisemita que deberían condenar todos aquellos que buscan una solución pacífica al conflicto palestino-israelí.

.

Los medios de comunicación desempeñan un papel crucial en la formación de la opinión pública y las percepciones de los conflictos globales. Sin embargo, ha habido casos

35

donde medios de comunicación, como Al Jazeera, han sido acusados de parcialidad y tergiversación en su cobertura de los conflictos en el Medio Oriente, particularmente cuando se trata de presentar a los palestinos como víctimas.

Uno de los ejemplos más notables de este sesgo es el uso frecuente de imágenes de Irak o de la guerra civil en Siria para representar a las víctimas palestinas. Al utilizar imágenes de otros conflictos para representar la lucha palestina, medios de comunicación como Al Jazeera están perpetuando una narrativa falsa que busca generar simpatía por la causa palestina. Esto distorsiona la realidad de la situación sobre el terreno y socava la credibilidad de los medios de comunicación como fuente de información imparcial.

Además, ha habido casos en los que los medios de comunicación, incluida la BBC, han culpado erróneamente a Israel de los conflictos en la región. Este tipo de

La desinformación no sólo alimenta el sentimiento antiisraelí sino que también perpetúa estereotipos y prejuicios contra el Estado judío. Es esencial que los medios de comunicación defiendan la integridad periodística y la precisión en sus informes para evitar difundir información falsa e incitar a más conflictos.

Además de sus informes sesgados, la prensa española ha sido ampliamente criticada por sus prejuicios antisemitas y nociones preconcebidas. Este tipo de lenguaje y retórica discriminatoria sólo sirve para perpetuar estereotipos negativos y alimentar el odio hacia la comunidad judía. Es fundamental que los medios de comunicación sean conscientes del lenguaje que utilizan y eviten perpetuar estereotipos y prejuicios dañinos.

En conclusión, los medios desempeñan un papel importante en la configuración de las percepciones públicas de los conflictos globales, particularmente en el Medio Oriente. Es esencial que los medios de comunicación defiendan la integridad, precisión e imparcialidad periodística en sus informes para evitar difundir información errónea y perpetuar sesgos. Responsabilizar a los medios de comunicación por

36

Al informar, podemos garantizar que el público esté informado de manera precisa y objetiva sobre los conflictos complejos en la región.

"La izquierda progresista está actuando responsablemente en apoyo a la causa palestina"

La izquierda progresista está incluida actuando como una persona sin educación, ignorante y con prejuicios contra los judíos e Israel.

La izquierda progresista ha estado asociada durante mucho tiempo con la defensa de la justicia social, la igualdad y los derechos humanos. Sin embargo, hay una tendencia preocupante dentro de este movimiento de opiniones incultas, ignorantes y prejuiciosas hacia los judíos e Israel. Este sesgo tiene sus raíces en una comprensión distorsionada y unilateral del conflicto palestino-israelí, que a menudo demoniza a Israel como una entidad imperialista colonialista blanca.

Es importante reconocer que Israel no es la caricatura que la izquierda progresista ha pintado. Israel es una democracia diversa y vibrante que ha enfrentado numerosas amenazas y desafíos a la seguridad desde su creación en 1948. El pueblo judío tiene una

37

una larga y compleja historia, que incluye siglos de persecución y discriminación, que culminaron en los horrores del Holocausto durante la Segunda Guerra Mundial.

A pesar de esta historia, la izquierda progresista a menudo retrata a Israel como un Estado opresivo e ilegítimo, ignorando las legítimas preocupaciones de seguridad y los derechos históricos del pueblo judío. Este sesgo se ve alimentado por la falta de educación y comprensión de las complejidades del conflicto palestino-israelí, así como por una tendencia a ver el mundo a través de una lente simplista y binaria de opresor versus oprimido.

Este prejuicio contra los judíos e Israel recuerda la propaganda antisemita que utilizaron los nazis para justificar su persecución y exterminio del pueblo judío. El infame líder nazi Adolf Eichmann dijo la famosa frase: "Miente, miente y algo prevalecerá". Esta mentalidad de difundir falsedades y desinformación sobre los judíos e Israel para promover una agenda política es profundamente preocupante y peligrosa.

Es preocupante que muchos partidos socialistas y socialdemócratas de todo el mundo hayan adoptado esta visión parcial y prejuiciosa de Israel sin examinar críticamente los hechos ni entablar un diálogo abierto y honesto. Esta falta de pensamiento crítico y rigor intelectual ha llevado a una situación en la que los tropos y estereotipos antisemitas se perpetúan bajo la apariencia de una política progresista.

Para combatir este prejuicio e ignorancia, es esencial que la izquierda progresista se informe sobre las complejidades del conflicto palestino-israelí, entable un diálogo respetuoso e informado con todas las partes involucradas y rechace la demonización y deshumanización de cualquier grupo. de la gente. Sólo a través del compromiso con la verdad, la justicia y la empatía podremos trabajar por un mundo más pacífico y justo para todos.

38

Israel no es un Estado colonialista, fascista e imperialista. De hecho, es todo lo contrario de lo que la extrema izquierda intentó establecer.

Israel es un país que la extrema izquierda ha acusado a menudo de ser un Estado imperialista fascista y colonialista. Sin embargo, tras un examen más detenido, queda claro que estas acusaciones son infundadas y no reflejan fielmente la realidad de la situación. De hecho, Israel es lo opuesto a un Estado imperialista fascista y colonialista y tiene una larga historia de lucha contra esas ideologías.

En primer lugar, es importante comprender la historia de Israel y cómo surgió. Israel se estableció en 1948 como patria para el pueblo judío, que había sido perseguido y marginado durante siglos. El establecimiento de Israel no fue un acto de colonialismo, sino más bien una respuesta a la necesidad de un refugio seguro para el pueblo judío. De hecho, Israel tiene una población diversa que incluye judíos, árabes, cristianos y otros grupos étnicos y religiosos, todos los cuales tienen los mismos derechos ante la ley.

Además, Israel tiene un gobierno democrático que se basa en los principios de libertad, igualdad y justicia. El gobierno israelí es elegido por el pueblo y opera bajo un sistema de controles y equilibrios que garantiza la protección de los derechos y libertades individuales. Esto contrasta marcadamente con los regímenes fascistas, que se caracterizan por gobiernos autoritarios y la supresión de la disidencia.

Además, Israel tiene un fuerte compromiso con los derechos humanos y tiene una sociedad civil vibrante que trabaja activamente para promover y proteger los derechos de todos sus ciudadanos. Israel tiene una prensa libre, un poder judicial independiente y un sólido sistema de libertades civiles que permiten la libre expresión de ideas y opiniones. Éste no es el sello distintivo de un Estado fascista, sino más bien una señal de una democracia sana y funcional.

Además, Israel tiene una larga historia de lucha contra el imperialismo y el colonialismo. Israel ha sido un firme defensor de los derechos de

39

pueblos oprimidos en todo el mundo y se ha pronunciado constantemente contra las injusticias del colonialismo y el imperialismo. Israel también ha sido un firme defensor de la paz y ha realizado numerosos esfuerzos para alcanzar una solución pacífica al conflicto con los palestinos.

En conclusión, Israel no es un Estado imperialista fascista y colonialista, como han afirmado algunos de la extrema izquierda. Israel es un país diverso, democrático y comprometido con los principios de libertad, igualdad y justicia. Israel tiene una larga historia de lucha contra el imperialismo y el colonialismo y ha trabajado incansablemente para promover los derechos humanos y la paz. Es importante reconocer la verdadera naturaleza de Israel y no sucumbir a acusaciones falsas y engañosas.

Racismo israelí contra los negros y otras minorías

Israel es un crisol de culturas y orígenes, con personas de todo el mundo que se unen para formar una sociedad diversa y vibrante. A lo largo de los años, Israel ha integrado con éxito a personas de Rusia, Irak, Argentina y Yemen, entre otros países. Esta integración se ha facilitado a través de varios programas como la aliá rusa, la aliá etíope y la absorción de refugiados eritreos.

La aliá rusa, o inmigración de judíos de la ex Unión Soviética, ha sido una de las mayores oleadas de inmigración a Israel. Desde el colapso de la Unión Soviética a principios de los años 1990, más de un

Millones de judíos de habla rusa han hecho aliá a Israel. Estos inmigrantes han traído consigo una rica herencia cultural y han hecho importantes contribuciones a la sociedad israelí en diversos campos como la ciencia, la tecnología y las artes.

De manera similar, los judíos de Irak también han hecho aliá a Israel, trayendo consigo sus tradiciones y costumbres únicas. A pesar de enfrentar

40

A pesar de los desafíos para integrarse en la sociedad israelí, muchos judíos iraquíes se han establecido con éxito en Israel y se han convertido en miembros activos de la comunidad.

Además de los inmigrantes rusos e iraquíes, Israel también ha acogido a inmigrantes de Argentina y Yemen. Los judíos de Argentina han traído consigo una vibrante cultura latinoamericana, mientras que los judíos yemenitas han conservado sus antiguas tradiciones y costumbres en Israel. La integración de estas diversas comunidades ha enriquecido a la sociedad israelí y ha contribuido al tejido cultural del país.

Uno de los desafíos más importantes en la integración de los inmigrantes a la sociedad israelí ha sido la absorción de judíos etíopes.

La aliá etíope, que comenzó en la década de 1980, ha enfrentado numerosos obstáculos, incluidas barreras lingüísticas, diferencias culturales y desafíos socioeconómicos. Sin embargo, a través de diversos programas e iniciativas gubernamentales, muchos inmigrantes etíopes se han integrado con éxito en la sociedad israelí y se han convertido en miembros activos de la comunidad.

Otro grupo que ha buscado refugio en Israel son los refugiados eritreos. Eritrea, un país del este de África, ha estado plagada de inestabilidad política y abusos contra los derechos humanos, lo que ha llevado a muchos eritreos a buscar asilo en Israel. A pesar de enfrentar desafíos para integrarse a la sociedad israelí, muchos refugiados eritreos han encontrado un nuevo hogar en Israel y han podido reconstruir sus vidas.

En conclusión, la integración exitosa de personas de Rusia, Irak, Argentina, Yemen, Etiopía y Eritrea por parte de Israel es un testimonio del compromiso del país con la diversidad y la inclusión. A través de varios programas e iniciativas, Israel ha podido dar la bienvenida a inmigrantes de todo el mundo y brindarles el apoyo que necesitan para prosperar en su nuevo hogar. La integración de estos diversos

41

Las comunidades han enriquecido la sociedad israelí y han fortalecido el tejido cultural del país.

42

"Los líderes árabes no disfrutan de la libertad de expresión"

Israel es un país de valores democráticos. El caso de los parlamentarios árabes antisemitas que trabajan contra el Estado de Israel

Israel es un país que se enorgullece de ser un faro de democracia en Medio Oriente. Con un sistema político vibrante, elecciones libres y justas y el compromiso de defender el estado de derecho, Israel es un brillante ejemplo de valores democráticos en una región a menudo plagada de autoritarismo e inestabilidad.

Sin embargo, a pesar de sus fundamentos democráticos, Israel no está exento de desafíos. Uno de esos desafíos se presenta en la forma de miembros árabes del parlamento que defienden puntos de vista antisemitas y trabajan contra el Estado de Israel. Estos individuos, que son representantes electos de la minoría árabe en Israel, han sido acusados de promover teorías de conspiración antisemitas, negar el Holocausto y abogar por la destrucción del Estado judío.

Si bien la libertad de expresión es un derecho democrático fundamental, las acciones de estos parlamentarios plantean serias preocupaciones sobre su compromiso con los valores democráticos que Israel aprecia. Al promover la retórica antisemita y actuar en contra de los intereses del estado, estos individuos socavan los principios de tolerancia,

43

igualdad y respeto por la diversidad que son esenciales para una democracia que funcione.

Es importante señalar que no todos los miembros árabes del parlamento en Israel tienen opiniones antisemitas o trabajan contra el Estado. Muchos políticos árabes en Israel están comprometidos a promover los derechos e intereses de sus electores y al mismo tiempo trabajan por una resolución pacífica del conflicto palestino-israelí.

Estas personas desempeñan un papel vital en el proceso democrático y contribuyen a la diversidad y el pluralismo de la sociedad israelí.

Sin embargo, las acciones de los parlamentarios árabes que defienden opiniones antisemitas y trabajan contra el Estado de Israel sirven como recordatorio de los desafíos que enfrenta la democracia en una sociedad compleja y dividida. Corresponde a todos los funcionarios electos, independientemente de sus antecedentes o creencias, defender los principios de la democracia, respetar el Estado de derecho y trabajar por el bien común de todos los ciudadanos.

En conclusión, Israel es un país fundado en valores y principios democráticos. Si bien existen desafíos, como la presencia de parlamentarios árabes que promueven opiniones antisemitas, la fortaleza de la democracia de Israel radica en su capacidad para enfrentar y abordar estos desafíos a través del debate abierto, el diálogo y el respeto por el estado de derecho. Al defender estos valores, Israel puede seguir sirviendo como modelo de democracia en Medio Oriente y más allá.

Israel respecto de sus valores democráticos y poderes equilibrados

La mala comprensión de la izquierda progresista sobre la democracia de Israel y los sistemas establecidos para proteger a las minorías es un tema preocupante que debe abordarse. Israel es una democracia vibrante que defiende los derechos de todos sus ciudadanos, independientemente de sus antecedentes o creencias. El país tiene un sistema legal sólido que garantiza la igualdad y protección de todas las personas, incluidas las minorías.

Uno de los aspectos clave de la democracia de Israel es su compromiso de proteger los derechos de las minorías. Israel es un país diverso con una importante población árabe, así como otros grupos minoritarios como drusos, beduinos y cristianos. Estas comunidades minoritarias tienen los mismos derechos ante la ley y están representadas en el gobierno y la sociedad israelíes.

El sistema legal de Israel también proporciona mecanismos para abordar la discriminación y garantizar que todos los ciudadanos tengan acceso a la justicia. La Corte Suprema de Israel tiene un sólido historial de defensa de los derechos humanos y la igualdad, y ha fallado a favor de los derechos de las minorías en numerosos casos.

Además, Israel tiene un sólido sistema de controles y contrapesos que garantiza la rendición de cuentas y la transparencia en el gobierno. Los medios de comunicación en Israel son libres e independientes y desempeñan un papel crucial a la hora de mantener la

gobierno responsable de sus acciones. Las organizaciones de la sociedad civil también desempeñan un papel vital en la defensa de los derechos de las minorías y la promoción de la justicia social.

52

Es importante que la izquierda progresista se informe sobre la democracia de Israel y los sistemas existentes para proteger a las minorías. Al comprender las complejidades del sistema político israelí y los desafíos que enfrentan las comunidades minoritarias, la izquierda progresista puede abordar mejor los problemas que enfrenta Israel y trabajar para lograr un diálogo más informado y constructivo.

En conclusión, Israel es una democracia vibrante que defiende los derechos de todos sus ciudadanos, incluidas las minorías. El país tiene un sistema legal sólido que garantiza la igualdad y protección de todas las personas, y un sistema sólido de controles y contrapesos que promueve la rendición de cuentas y la transparencia. Es esencial que la izquierda progresista se informe sobre la democracia de Israel y participe en un diálogo más informado y constructivo sobre los problemas que enfrenta el país.

El movimiento de Boicot, Desinversión y Sanciones (BDS) ha sido un tema de mucho debate y controversia en los últimos años. Si bien los defensores del BDS argumentan que es una forma legítima de resistencia no violenta contra las políticas israelíes hacia los palestinos, la verdad es que el BDS es inherentemente de naturaleza antisemita. El pensamiento crítico argumentará que el BDS es de hecho un movimiento antisemita, estableciendo paralelismos entre el BDS y casos históricos de antisemitismo.

Uno de los principales argumentos contra el carácter antisemita del BDS es el hecho de que apunta específicamente a Israel, el único Estado de mayoría judía del mundo. Al señalar a Israel como objeto de boicots, desinversiones y sanciones, el BDS apunta efectivamente al pueblo judío en su conjunto. Esto es

53

que recuerda a las Leyes de Nuremberg en la Alemania nazi, que apuntaban específicamente a los judíos para discriminarlos y excluirlos de la sociedad. Así como las Leyes de Nuremberg buscaban aislar y marginar a los judíos, el BDS busca aislar y deslegitimar a Israel en el escenario mundial.

Además, el lenguaje y las tácticas utilizadas por los partidarios del BDS a menudo reflejan tropos antisemitas tradicionales. Por

ejemplo, los activistas del BDS frecuentemente acusan a Israel de ser un estado "colonial" y de "apartheid", estableciendo paralelismos entre las políticas israelíes y las de los regímenes racistas de la historia. Esta demonización de Israel como una entidad singularmente malvada es un tema común en la propaganda antisemita, que históricamente ha retratado a los judíos como una fuerza malévola en la sociedad.

Además, el movimiento BDS ha sido criticado por su doble rasero y su hipocresía cuando se trata de abusos contra los derechos humanos. Mientras los partidarios del BDS se centran en el trato que Israel da a los palestinos,

A menudo ignoran o minimizan los abusos contra los derechos humanos cometidos por otros países de la región. Esta indignación selectiva contra Israel, aunque hace la vista gorda ante otros conflictos y atrocidades, es un claro ejemplo de antisemitismo en acción.

En conclusión, el movimiento BDS es de hecho un movimiento antisemita que busca deslegitimar y aislar a Israel en el escenario mundial. Al señalar al Estado judío para boicotearlos y sanciones, utilizar un lenguaje y tácticas que hacen eco de los tropos antisemitas tradicionales y mostrar dobles raseros e hipocresía cuando se trata de abusos contra los derechos humanos, el BDS se revela como una manifestación moderna de antisemitismo. Es importante reconocer y condenar el antisemitismo en todas sus formas, incluidas aquellas disfrazadas de activismo político.

54

"Si Israel se traslada a las fronteras de 1967, habrá paz"

El actual conflicto entre Israel y sus vecinos árabes ha sido una fuente de tensión y violencia durante décadas. Muchos han argumentado que si Israel volviera a sus fronteras de 1967, también conocidas como Línea Verde, la paz sería alcanzable. Sin embargo, la pregunta sigue siendo: ¿por qué la paz ha sido difícil de alcanzar antes de 1967, en 1956 e incluso antes, en 1948, cuando las Naciones Unidas propusieron un plan de partición?

Una respuesta clara a esta pregunta es que las naciones árabes que rodean a Israel han rechazado sistemáticamente cualquier intento de paz. En lugar de buscar una solución pacífica al conflicto, han recurrido continuamente a la violencia y la agresión contra Israel. El rechazo árabe al plan de partición de la ONU en 1948 es un excelente ejemplo de esto. El plan tenía como objetivo dividir la tierra en estados judíos y árabes separados, pero las naciones árabes lo rechazaron y optaron por lanzar una guerra contra Israel. Este rechazo a una solución pacífica marcó la pauta para futuros conflictos y tensiones en la región.

De manera similar, en 1956, durante la crisis de Suez, las naciones árabes demostraron una vez más su falta de voluntad para buscar la paz. Egipto, junto con otros países árabes, intentó nacionalizar el Canal de Suez, lo que llevó a una intervención militar por parte de Israel, Francia y el Reino Unido. La respuesta árabe a esta crisis fue de hostilidad y agresión, perpetuando aún más el ciclo de violencia en la región.

En 1967, durante la Guerra de los Seis Días, Israel obtuvo el control de los territorios más allá de la Línea Verde. Si bien algunos sostienen que un regreso a estas fronteras podría conducir a la paz, la cuestión subyacente sigue siendo el rechazo árabe del derecho de Israel a existir. Las naciones árabes se han negado sistemáticamente a reconocer a Israel como un Estado legítimo y, en cambio, han buscado su destrucción. Esta negativa fundamental a aceptar

55

La existencia de Israel como nación soberana ha sido un obstáculo importante para lograr la paz en la región.

En conclusión, la falta de paz en Oriente Medio no puede atribuirse a las fronteras ni a las acciones de Israel. La causa fundamental del conflicto radica en la negativa de las naciones árabes a aceptar el derecho de Israel a existir y su continua hostilidad hacia el Estado judío. Hasta que las naciones árabes estén dispuestas a reconocer la legitimidad de Israel y trabajar hacia una resolución pacífica, es probable que el ciclo de violencia y conflicto continúe. La paz sólo será posible cuando todas las partes involucradas estén comprometidas con el diálogo, el compromiso y el respeto mutuo.

El actual conflicto entre Israel y sus vecinos árabes ha sido una fuente de tensión y violencia durante décadas. Muchos han argumentado que si Israel volviera a sus fronteras de 1967, también conocidas como Línea Verde, la paz sería alcanzable. Sin embargo, la pregunta sigue siendo: ¿por qué la paz ha sido difícil de alcanzar antes de 1967, en 1956 e incluso antes, en 1948, cuando las Naciones Unidas propusieron un plan de partición?

Una respuesta clara a esta pregunta es que las naciones árabes que rodean a Israel han rechazado sistemáticamente cualquier intento de paz. En lugar de buscar una solución pacífica al conflicto, han recurrido continuamente a la violencia y la agresión contra Israel. El rechazo árabe al plan de partición de la ONU en 1948 es un excelente ejemplo de esto. El plan tenía como objetivo dividir la tierra en estados judíos y árabes separados, pero las naciones árabes lo rechazaron y optaron por lanzar una guerra contra Israel. Este rechazo a una solución pacífica marcó la pauta para futuros conflictos y tensiones en la región.

De manera similar, en 1956, durante la crisis de Suez, las naciones árabes demostraron una vez más su falta de voluntad para buscar la paz.

Egipto, junto con otros países árabes, intentó nacionalizar el Canal de Suez, lo que llevó a una intervención militar por parte de Israel, Francia y el Reino Unido. La respuesta árabe a esta crisis fue de hostilidad y agresión, perpetuando aún más el ciclo de violencia en la región.

En 1967, durante la Guerra de los Seis Días, Israel obtuvo el control de los territorios más allá de la Línea Verde. Si bien algunos sostienen que un regreso a estas fronteras podría conducir a la paz, la cuestión subyacente sigue siendo el rechazo árabe del derecho de Israel a existir. Las naciones árabes se han negado sistemáticamente a reconocer a Israel como un Estado legítimo y, en cambio, han buscado su destrucción. Esta negativa fundamental a aceptar

55

La existencia de Israel como nación soberana ha sido un obstáculo importante para lograr la paz en la región.

En conclusión, la falta de paz en Medio Oriente no puede atribuirse únicamente a las fronteras o acciones de Israel. La causa fundamental del conflicto radica en la negativa de las naciones árabes a aceptar el derecho de Israel a existir y su continua hostilidad hacia el Estado judío. Hasta que las naciones árabes estén dispuestas a reconocer la legitimidad de Israel y trabajar hacia una resolución pacífica, es probable que el ciclo de violencia y conflicto continúe. La paz sólo será posible cuando todas las partes involucradas estén comprometidas con el diálogo, el compromiso y el respeto mutuo.

"En Israel no hay igualdad de derechos para diferentes religiones"

Judíos, cristianos, musulmanes, bahá'ís disfrutan de libertad para orar, etc. Los judíos, cristianos, musulmanes, drusos y bahá'ís disfrutan de la libertad de orar en varias partes del mundo. Esta libertad es un derecho humano fundamental protegido por el derecho internacional y esencial para la práctica de la propia religión. En este ensayo, exploraremos cómo estos diferentes grupos religiosos pueden ejercer su derecho a orar libremente.

44

y la importancia de esta libertad para promover la tolerancia y la comprensión religiosas.

Uno de los principios clave de la libertad religiosa es el derecho a orar en espacios públicos y privados sin temor a persecución o discriminación. Este derecho está consagrado en varios instrumentos internacionales de derechos humanos, como la Declaración Universal de Derechos Humanos y el Pacto Internacional de Derechos Civiles y Políticos. Estos documentos afirman el derecho de las personas a practicar su religión libremente y sin interferencias del Estado u otras personas.

Judíos, cristianos, musulmanes, drusos y bahá'ís tienen diferentes prácticas y rituales asociados con la oración. Por ejemplo, los judíos oran tres veces al día, de cara a Jerusalén, mientras que los cristianos pueden orar en iglesias o en ambientes privados. Los musulmanes rezan cinco veces al día, de cara a La Meca, y los drusos tienen sus propias prácticas de oración únicas. Los bahá'ís también tienen oraciones y rituales específicos que son fundamentales para su fe.

A pesar de estas diferencias, todos estos grupos religiosos pueden practicar su fe y orar libremente en muchas partes del mundo. Esto se debe a la protección de la libertad religiosa en muchos países y al reconocimiento de la importancia de la diversidad y la tolerancia en la sociedad. En los países donde se respeta la libertad religiosa, las personas pueden expresar sus creencias y prácticas sin temor a represalias o discriminación.

La libertad de orar no sólo es importante para que las personas practiquen su religión, sino que también desempeña un papel crucial en la promoción de la comprensión y la tolerancia entre los diferentes grupos religiosos. Cuando las personas pueden orar libremente, es más probable que entablen un diálogo e intercambien con otras personas que puedan tener creencias diferentes. Esto puede ayudar a derribar barreras y estereotipos y fomentar un sentido de unidad y respeto entre las diversas comunidades religiosas.

45

En conclusión, la libertad de orar es un derecho humano fundamental que es esencial para la práctica de la religión y la promoción de la tolerancia y el entendimiento entre los diferentes grupos religiosos. Judíos, cristianos, musulmanes, drusos y bahá'ís disfrutan de esta libertad en muchas partes del mundo, gracias a la protección de la libertad religiosa en el derecho internacional y al reconocimiento de la importancia de la diversidad y la tolerancia en la sociedad. Es crucial que esta libertad siga siendo defendida y respetada para garantizar una coexistencia pacífica y armoniosa entre todas las comunidades religiosas.

"Israel no es un Estado con igualdad de derechos: los árabes no tienen derecho a elegir ni a ser elegidos"

A menudo se aclama a Israel como la única democracia en Medio Oriente, un faro de libertad e igualdad en una región plagada de regímenes autoritarios y abusos contra los derechos humanos. Uno de los aspectos clave que distingue a Israel como democracia es el trato que da a sus ciudadanos árabes. Los árabes en Israel tienen derecho a votar, postularse para cargos públicos, formar partidos políticos y participar en el proceso democrático como cualquier otro ciudadano.

Los ciudadanos árabes de Israel representan alrededor del 20% de la población y tienen representación en la Knesset, el parlamento de Israel. Hay miembros árabes de la Knesset que han sido elegidos por sus electores y que participan activamente en la vida política del país. Estos legisladores árabes no han rehuido criticar

56

las políticas del gobierno israelí, incluido su trato a los palestinos y sus medidas de seguridad en los territorios ocupados.

A pesar de los desafíos y la discriminación que puedan enfrentar los ciudadanos árabes de Israel, el hecho es que tienen los mismos derechos y oportunidades que sus homólogos judíos. Los ciudadanos árabes pueden asistir a las mismas escuelas, trabajar en las mismas profesiones y vivir en los mismos barrios que los judíos israelíes. Si bien es cierto que hay cuestiones de desigualdad y discriminación que es necesario abordar, el hecho de que los ciudadanos árabes tengan voz y voto en el proceso democrático es testimonio del compromiso de Israel con la igualdad y el pluralismo.

Es importante señalar que Israel no está exento de defectos y ciertamente hay áreas en las que el país no alcanza sus ideales democráticos. El actual conflicto con los palestinos, el trato dado a los ciudadanos árabes en determinadas zonas y la influencia de elementos religiosos y nacionalistas en la política israelí son cuestiones que deben abordarse. Sin embargo, el hecho de que los ciudadanos árabes de Israel tengan derecho a participar en el proceso democrático y a criticar al gobierno es una señal de una democracia que funciona.

En conclusión, Israel puede considerarse una democracia real en el sentido de que todos los ciudadanos, independientemente de su origen étnico o religión, tienen derecho a participar en el proceso político. Los ciudadanos árabes de Israel tienen los mismos derechos y oportunidades que los ciudadanos judíos y tienen la capacidad de expresar sus opiniones y abogar por el cambio. Si bien ciertamente existen desafíos y áreas de mejora, el hecho de que los ciudadanos árabes puedan votar, postularse para cargos públicos y formar partidos políticos es un testimonio del compromiso de Israel con la democracia y la igualdad.

"Los judíos han estado persiguiendo y asesinando a árabes a instancias del movimiento sionista"

A lo largo de la historia, los árabes han estado involucrados en la persecución, violación y asesinato de judíos en todo el mundo. Esto se puede ver en los numerosos pogromos que han tenido lugar en países como Irak, Yemen, Egipto, Siria, Líbano y Jordania. Estos actos de violencia han sido alimentados por tensiones religiosas, políticas y sociales que han existido entre árabes y judíos durante siglos.

Uno de los casos más conocidos de persecución árabe de judíos ocurrió en Irak durante el pogromo de Farhud de 1941. Este violento evento vio la masacre de cientos de judíos en Bagdad, así como el saqueo y la destrucción de hogares y negocios judíos. El Farhud fue el resultado del sentimiento antijudío que se había estado gestando en Irak durante años, alimentado por la propaganda nazi y el ascenso del nacionalismo árabe.

De manera similar, en Yemen, los judíos han enfrentado persecución y violencia a manos de sus vecinos árabes. La comunidad judía en Yemen tiene una larga historia de marginación y discriminación, con

59

los casos de violación, asesinato y conversión forzada son demasiado comunes. La situación de los judíos yemeníes no hizo más que empeorar con el aumento del extremismo islámico en la región, lo que provocó más violencia y persecución.

En Egipto, Siria, Líbano y Jordania, los judíos también han enfrentado persecución y violencia a manos de los árabes. Los pogromos, los disturbios y los ataques a las comunidades judías han sido un tema recurrente en estos países, donde los judíos son atacados por su religión, origen étnico y supuestas lealtades políticas. El conflicto árabe-israelí sólo ha servido para exacerbar las tensiones entre árabes y judíos en estos países, lo que ha provocado más violencia y derramamiento de sangre.

Es importante reconocer y condenar la historia de la persecución árabe de los judíos en todo el mundo. Estos actos de violencia y discriminación han tenido un impacto duradero en las comunidades judías, provocando desplazamientos, traumas y pérdida de vidas. Al comprender las causas fundamentales de esta persecución y trabajar por la reconciliación y la paz, podemos esforzarnos por crear una sociedad más justa e inclusiva para todos.

"Los judíos viven hoy en paz con los musulmanes y los árabes"

La relación entre judíos y árabes, particularmente en el contexto del conflicto palestino-israelí, ha estado marcada por tensiones y conflictos durante décadas. Los judíos a menudo no se sienten seguros o en paz con las comunidades árabes, tanto dentro de Israel como en todo el mundo. Esta falta de seguridad y paz se ve exacerbada por las acciones de algunos manifestantes pro palestinos que atacan sinagogas, tiendas kosher, restaurantes y organizaciones judías.

Una de las principales razones de la falta de paz y seguridad que sienten los judíos en relación con las comunidades árabes es el prolongado conflicto entre Israel y Palestina. El conflicto palestino-israelí es una cuestión compleja y profundamente arraigada que ha provocado violencia, derramamiento de sangre,

60

y animosidad entre ambas partes. Este conflicto se ha extendido a otras partes del mundo, provocando tensiones entre las comunidades judía y árabe en varios países.

Las manifestaciones propalestinas a menudo sirven como plataforma para expresar sentimientos antiisraelíes, que a veces pueden escalar hasta convertirse en ataques antisemitas contra instituciones judías. Estos ataques no son sólo físicos sino también psicológicos, ya que crean una sensación de miedo e inseguridad entre las comunidades judías. Los ataques contra sinagogas, tiendas kosher y restaurantes judíos son una clara indicación de la animosidad profundamente arraigada hacia los judíos que existe dentro de algunos grupos pro palestinos.

Además, el aumento del antisemitismo dentro de ciertas comunidades musulmanas también ha contribuido a la falta de paz y seguridad que sienten los judíos en todo el mundo. La retórica y las acciones antisemitas se han vuelto cada vez más frecuentes en algunos países de mayoría musulmana, lo que ha generado una sensación de vulnerabilidad entre las poblaciones judías. Esto ha tensado aún más la ya frágil relación entre judíos y árabes, dificultando su coexistencia pacífica.

Para abordar la falta de paz y seguridad que sienten los judíos en relación con las comunidades árabes, es esencial promover el diálogo, la comprensión y el respeto mutuo entre las dos partes. Las iniciativas de educación y sensibilización pueden ayudar a combatir el antisemitismo y promover la tolerancia y la aceptación de la diversidad. Además, los gobiernos y los organismos encargados de hacer cumplir la ley deben tomar medidas rápidas para abordar y prevenir los ataques antisemitas, garantizando la seguridad de las comunidades judías.

En conclusión, la falta de paz y seguridad que sienten los judíos en relación con las comunidades árabes es una cuestión compleja que surge del conflicto palestino-israelí, de los sentimientos antisemitas dentro de ciertas comunidades musulmanas y de las acciones de algunos manifestantes pro palestinos. Es crucial abordar estas cuestiones subyacentes y promover el diálogo.

61

y comprensión para fomentar la coexistencia pacífica entre judíos y árabes. Sólo mediante el respeto mutuo y la tolerancia podremos crear un mundo donde todas las comunidades puedan vivir en paz y seguridad.

"Los movimientos y manifestaciones antiisraelíes no son antisemitas"

Los movimientos y manifestaciones antiisraelíes a menudo son acusados de ser antisemitas y, en muchos casos, esta acusación es cierta. Si bien muchos de ellos albergan creencias antisemitas, es importante señalar que no existe una diferencia real entre la crítica al Estado de Israel y la discriminación contra el pueblo judío.

Uno de los movimientos antiisraelíes más destacados es la campaña de Boicot, Desinversión y Sanciones (BDS), que busca presionar a Israel para que ponga fin a su "ocupación de territorios palestinos". Los críticos del BDS argumentan que el movimiento es inherentemente antisemita porque apunta específicamente a Israel. Sin embargo, es fundamental reconocer que las críticas a las políticas israelíes acaban por convertirse en antisemitismo. El movimiento BDS es inherentemente antisemita, ya que su objetivo principal es socavar el Estado judío.

Dicho esto, hay muchos casos en los que el activismo antiisraelí cruza la línea del antisemitismo. Algunos activistas propalestinos pueden adoptar una retórica de odio o adoptar comportamientos discriminatorios hacia personas judías. Este tipo de comportamiento es inaceptable y debería condenarse. Es esencial diferenciar entre las críticas legítimas a las políticas israelíes y las acciones que perpetúan los estereotipos antisemitas y la discriminación.

En conclusión, si bien es justo etiquetar a todos los movimientos y manifestaciones antiisraelíes como antisemitas, es importante reconocer que hay personas dentro de estos movimientos que tienen creencias antisemitas. Es crucial abordar y confrontar los casos de antisemitismo dentro de estos movimientos.

62

"Los judíos robaron tierras a los árabes"

La acusación de que los colonos israelíes han estado robando tierras palestinas es una afirmación falsa y engañosa. La verdad es que ha habido judíos que han estado comprando tierras a los árabes incluso antes del establecimiento del Estado de Israel. Figuras destacadas como el barón Hirsh, Rothschild y otros han comprado grandes extensiones de tierra para fines agrícolas, y muchos colonos judíos han llegado para cultivar estos campos.

Es importante señalar que la adquisición de tierras por parte de judíos en la región se ha realizado por medios legales y legítimos. Las compras se realizaron mediante negociaciones y acuerdos con los terratenientes árabes, y las transacciones se llevaron a cabo de acuerdo con las leyes y reglamentos vigentes en ese momento. No hubo robo ni confiscación ilegal de tierras involucradas en estas transacciones.

sesenta y cinco

Además, los colonos judíos que llegaron a la región lo hicieron con la intención de construirse un hogar y establecer una comunidad. Trabajaron duro para cultivar la tierra y hacerla productiva, contribuyendo al desarrollo y prosperidad de la región. Estos colonos no eran colonialistas que buscaban explotar u oprimir a la población local, sino más bien individuos que buscaban construir una vida mejor para ellos y sus familias.

También cabe mencionar que la presencia judía en la región se remonta a miles de años, mucho antes del establecimiento del Estado de Israel. Los judíos tienen una profunda conexión histórica y cultural con la tierra y su presencia en la región no es un fenómeno reciente. El pueblo judío tiene un derecho legítimo sobre la tierra basado en vínculos históricos, religiosos y culturales.

En conclusión, la acusación de que los colonos israelíes han estado robando tierras palestinas es infundada y engañosa. La verdad es que los judíos han estado comprando tierras a los árabes por medios legales y legítimos, y su presencia en la región se basa en vínculos históricos y culturales con la tierra. Es importante comprender las complejidades de la situación y evitar hacer acusaciones simplistas e inexactas.

Judíos y árabes trabajaron juntos en la tierra de Palestina.

Los judíos tienen una larga historia de trabajar la tierra en Palestina, transformándola en tierra productiva y fértil. Sin embargo, durante muchos años, la tierra de Palestina estuvo abandonada y descuidada, sin que nadie estuviera interesado en desarrollarla. Esta falta de interés por la tierra

66

El desarrollo económico tuvo un impacto significativo en la región, provocando una disminución de la productividad agrícola y del crecimiento económico.

Una organización que jugó un papel crucial en el desarrollo del territorio en Palestina es Keren Kayemet LeIsrael (KKL), también conocido como el Fondo Nacional Judío. Fundado en 1901, KKL se estableció con el

objetivo de comprar tierras en Palestina y desarrollarlas para el asentamiento judío. La organización desempeñó un papel clave en la transformación de tierras áridas y abandonadas en tierras agrícolas fértiles y productivas.

KKL implementó varios proyectos para recuperar y desarrollar la tierra, incluida la forestación, la conservación del agua y la mejora del suelo. Gracias a estos esfuerzos, el KKL pudo convertir vastas extensiones de tierra árida en frondosos bosques, tierras de cultivo fértiles y comunidades prósperas. El trabajo de la organización no sólo benefició a los colonos judíos sino que también tuvo un impacto positivo en la población árabe que vive en la región.

Los judíos trabajaron juntos para cultivar la tierra, compartiendo conocimientos y experiencia para mejorar las prácticas agrícolas y aumentar la productividad, pudieron cooperar y colaborar en el desarrollo de la tierra, reconociendo los beneficios de un sector agrícola próspero, tanto en Moshavim como en Kibutzim.

Sin embargo, el abandono de la tierra en Palestina durante muchos años tuvo un impacto duradero en la región. La falta de inversión en el desarrollo de la tierra provocó la degradación del suelo, la escasez de agua y una disminución de la producción agrícola. Esto, a su vez, tuvo consecuencias negativas para la economía, ya que la agricultura era una fuente importante de ingresos y empleo para la población local.

Los judíos tienen una historia compartida de trabajar la tierra en Palestina y transformarla en un paisaje productivo y fértil. Organizaciones como el KKL desempeñaron un papel crucial en la recuperación y el desarrollo de la tierra, convirtiendo extensiones áridas en prósperas.

67

comunidades agrícolas. A pesar de los desafíos y conflictos que han asolado la región, la cooperación entre judíos en el desarrollo territorial sirve como testimonio del potencial de colaboración y beneficio mutuo en la búsqueda del desarrollo sostenible.

"Los judíos trajeron la malaria a Palestina"

A lo largo de la historia, los judíos han sido blanco de numerosas acusaciones y estereotipos, a menudo basados en la ignorancia y los prejuicios. Una acusación particularmente rara y absurda fue la afirmación de que los judíos trajeron la malaria a Palestina. Esta acusación no sólo es falsa sino que también demuestra hasta dónde puede llegar la retórica antisemita.

La malaria ha sido un desafío importante para el pueblo de Palestina y para cualquiera que haya vivido o viajado a la región. La enfermedad se transmite a través de la picadura de mosquitos infectados y ha sido un importante problema de salud en muchas partes del mundo, incluida Palestina. Los judíos, como todos los demás habitantes de la región, no eran inmunes a los efectos de la malaria. Muchos enfermaron, algunos quedaron ciegos y, trágicamente, algunos incluso murieron a causa de la enfermedad.

Sugerir que los judíos fueron responsables de traer la malaria a Palestina no sólo es infundado sino también ilógico. La malaria es una enfermedad que ha estado presente en la región durante siglos, mucho antes del establecimiento del Estado de Israel. Cualquier evidencia científica que no respalde la acusación de que los judíos de alguna manera introdujeron la enfermedad en esas regiones es simplemente una manifestación de sentimiento antisemita.

68

Acusaciones como estas no sólo son dañinas sino también peligrosas. Perpetúan estereotipos dañinos y alimentan el odio y la discriminación contra el pueblo judío. Es importante cuestionar y desacreditar esas acusaciones infundadas y educar a otros sobre las verdaderas causas de enfermedades como la malaria.

En conclusión, la acusación de que los judíos trajeron la malaria a Palestina no sólo es falsa sino también una afirmación rara y absurda.

La malaria ha sido un desafío de larga data para los habitantes de la región y los judíos, como todos los demás, se han visto afectados por la enfermedad. Es fundamental rechazar y cuestionar esas acusaciones infundadas y promover la comprensión y la tolerancia entre todas las personas, independientemente de sus antecedentes o creencias.

"Los judíos robaron los órganos de los palestinos"

La acusación de que los judíos han estado robando órganos a los palestinos no sólo es absurda sino también profundamente ofensiva. Esta teoría de la conspiración ha estado circulando durante años, perpetuando estereotipos dañinos y alimentando sentimientos antisemitas. La idea de que los judíos se involucren en prácticas tan atroces y poco éticas no es

69

sólo carece de fundamento, sino que también va en contra de los valores y principios del judaísmo.

Es importante señalar que no existe evidencia creíble que respalde estas afirmaciones. Las acusaciones a menudo se basan en rumores y desinformación, y han sido refutadas por numerosas fuentes acreditadas. De hecho, la Organización Mundial de la Salud ha declarado que no hay pruebas que sugieran que se esté produciendo tráfico de órganos en Israel o los territorios palestinos.

Además, vale la pena mencionar que muchas víctimas de ataques terroristas palestinos han donado sus órganos a palestinos y árabes israelíes. La donación de órganos es un acto desinteresado de bondad y generosidad, y es profundamente preocupante que tales actos de compasión se vean eclipsados por acusaciones infundadas y teorías de conspiración.

Es fundamental cuestionar y desacreditar estos mitos y estereotipos dañinos. Al difundir información errónea y promover teorías de conspiración, no hacemos más que perpetuar el odio y la división. Es importante abordar estas cuestiones con ojo crítico y perspicaz, y basarse en fuentes y pruebas creíbles.

En conclusión, la acusación de que los judíos han estado robando órganos a los palestinos no sólo es absurda sino también profundamente ofensiva. Es crucial desafiar y desacreditar estos mitos y estereotipos dañinos y promover la comprensión y la compasión. La donación de órganos es un acto noble y desinteresado, y es importante reconocer y celebrar la generosidad de quienes eligen donar sus órganos para salvar vidas.

La ONU condena justamente a Israel

Las Naciones Unidas han sido criticadas durante mucho tiempo por su parcialidad contra Israel, y muchos argumentan que la organización ataca injustamente y

70

condena al país más que cualquier otro. Este sesgo fue particularmente evidente el año pasado, cuando las Naciones Unidas condenaron a Israel más que todos los demás países juntos. Este nivel de condena no sólo es absurdo, sino que también pone de relieve el trato injusto que recibe Israel de la comunidad internacional.

Una de las principales razones del sesgo contra Israel es la atención desproporcionada que se presta al conflicto palestino-israelí. Si bien hay numerosos conflictos y abusos contra los derechos humanos en todo el mundo, las Naciones Unidas parecen señalar a Israel como blanco de críticas. Este enfoque en Israel no sólo ignora otras cuestiones importantes, sino que también perpetúa una narrativa unilateral que demoniza a Israel e ignora las complejidades del conflicto.

Además, las Naciones Unidas tienen un historial de aprobar resoluciones que están descaradamente parcializadas contra Israel. Estas resoluciones a menudo ignoran las acciones de grupos terroristas como Hamás, que habitualmente atacan a civiles israelíes con cohetes y otros actos de violencia. En cambio, las Naciones Unidas optan por centrarse únicamente en las acciones israelíes, presentando al país como el agresor del conflicto.

Además del prejuicio contra Israel en las Naciones Unidas, otras organizaciones como la UNESCO, el Consejo de Derechos Humanos y la Organización de Mujeres también han sido criticadas por su injusta tratamiento de Israel. Estas organizaciones a menudo señalan a Israel para condenarlo, mientras hacen la vista gorda ante las acciones de otros países con historiales de derechos humanos mucho peores.

En general, el sesgo contra Israel en las organizaciones internacionales no sólo es injusto, sino también contraproducente. Al señalar a Israel para su condena, estas organizaciones no sólo están perpetuando una narrativa unilateral, sino que también están obstaculizando las perspectivas de paz en la región. En lugar de centrarse únicamente en Israel, las Naciones Unidas y otras organizaciones internacionales deberían trabajar por una solución más[71] enfoque equilibrado y constructivo para resolver el conflicto palestino-israelí.

En conclusión, el prejuicio contra Israel en las organizaciones internacionales es un fenómeno vergonzoso y destructivo. El enfoque desproporcionado en Israel, las resoluciones sesgadas y el trato injusto del país contribuyen a un ambiente tóxico que obstaculiza las perspectivas de paz en la región. Es hora de que las Naciones Unidas y otras organizaciones internacionales reevalúen su enfoque hacia Israel y trabajen para lograr un diálogo más justo y constructivo.

"Los árabes fueron los primeros en Palestina y Jesús fue palestino"

Es un error común pensar que los árabes fueron los primeros habitantes de Palestina y que Jesús era palestino. Sin embargo, la evidencia histórica y arqueológica sugiere lo contrario. La tierra de Palestina tiene una historia larga y compleja, con varios pueblos y culturas que habitaron la región a lo largo de los siglos.

Uno de los primeros habitantes conocidos de Palestina fueron los cananeos, que se establecieron en la zona alrededor del año 3000 a.C. A los cananeos les siguieron los israelitas, que establecieron el Reino de Israel en la región alrededor del año 1000 a.C. Los israelitas eran un pueblo semítico, estrechamente relacionado con los árabes, pero eran un grupo étnico y cultural distinto con su propio idioma, religión y costumbres.

Jesús, que es una figura central del cristianismo, nació y creció en la región de Judea, que forma parte del Israel actual. Jesús era un judío, perteneciente al pueblo judío que había estado viviendo en la tierra de Israel durante siglos. Practicaba la fe judía, observaba las costumbres judías y hablaba el idioma hebreo. No hay evidencia histórica que sugiera que Jesús fuera palestino o que se identificara como tal.

La idea de que los árabes fueron los primeros habitantes de Palestina y que Jesús era palestino se utiliza a menudo para promover una agenda política particular. Es importante separar los hechos históricos de la retórica política y reconocer la historia compleja y diversa de la región. La tierra de Palestina ha sido el hogar de muchos pueblos y culturas diferentes a lo largo de los siglos, incluidos judíos, árabes, cristianos y musulmanes.

En conclusión, no es cierto que los árabes fueran los primeros en Palestina y que Jesús fuera palestino. La evidencia histórica y arqueológica apunta a una historia mucho más compleja y matizada de la región. Jesús fue un judío que vivió y murió en la tierra de Israel, y el pueblo judío tiene una conexión larga y profunda con la tierra de Palestina. Es importante comprender y respetar la historia diversa de la región y evitar simplificarla o distorsionarla con fines políticos.

"Los árabes son herencia legítima y exclusiva de Abraham Itzjak y Jacob "

Abraham, Itzhak y Jacob son figuras veneradas tanto en el Islam como en el judaísmo, pero la afirmación de que el Islam fue la primera religión y que los judíos tomaron sus creencias del Corán es simplemente falsa. Ambas religiones tienen historias, creencias y prácticas distintas que han evolucionado a lo largo de siglos.

El Islam tiene sus orígenes en el profeta Mahoma en el siglo VII d.C., quien recibió revelaciones de Alá que fueron compiladas en el Corán. La religión se extendió rápidamente por toda la Península Arábiga y más allá, estableciendo una nueva fe monoteísta que enfatizaba la sumisión a la voluntad de Alá. Abraham, conocido como Ibrahim en el Islam, es considerado un profeta en el Islam y es venerado por su fe inquebrantable y su devoción a Alá.

El judaísmo, por otro lado, es una de las religiones monoteístas más antiguas del mundo y se remonta a la época de Abraham, Itzhak y Jacob en el antiguo Cercano Oriente. El pueblo judío remonta su linaje a los patriarcas y matriarcas de la fe, a quienes se considera los fundadores de la nación judía. La Torá, el texto sagrado del judaísmo, contiene las historias y enseñanzas de estas figuras y sus descendientes, delineando el pacto entre el pueblo judío y Dios.

77

Si bien existen similitudes entre el Islam y el judaísmo, como la creencia en un Dios y la importancia del comportamiento ético, las dos religiones tienen diferencias teológicas distintas que han dado forma a sus respectivas tradiciones. El Islam pone un fuerte énfasis en las enseñanzas del profeta Mahoma y el Corán, mientras que el judaísmo se centra en las leyes y mandamientos que se encuentran en la Torá y otros textos sagrados.

La afirmación de que los judíos tomaron sus creencias del Corán no está respaldada por evidencia histórica ni por estudios religiosos.

El judaísmo es miles de años anterior al Islam y tiene su propia rica tradición y herencia que se han transmitido de generación en generación. Si bien puede haber temas y figuras compartidos entre las dos religiones, son religiones distintas con creencias y prácticas únicas.

En conclusión, Abraham, Itzhak y Jacob son figuras importantes tanto del Islam como del judaísmo, pero la afirmación de que el Islam fue la primera religión y que los judíos tomaron sus creencias del Corán es inexacta. Ambas religiones tienen profundas raíces en la historia y han desarrollado sus propias tradiciones y enseñanzas distintas a lo largo del tiempo. Es importante reconocer y respetar las contribuciones únicas de cada fe al patrimonio religioso y cultural del mundo.

"Jerusalén es la ciudad más santa para los musulmanes y los musulmanes rezan en dirección a Jerusalén cinco veces al día"

Aunque Jerusalén ocupa un lugar especial en los corazones de los musulmanes de todo el mundo, no se la considera la ciudad más santa para los musulmanes.

La importancia de Jerusalén para los musulmanes se remonta a la época del profeta Mahoma, de quien se cree que ascendió al cielo desde la mezquita de Al-Aqsa en Jerusalén durante el Viaje Nocturno. Este evento, conocido como Isra y Mi'raj, es conmemorado por los musulmanes cada año durante el mes de Rajab.

Además del Viaje Nocturno, Jerusalén también alberga la Cúpula de la Roca, uno de los monumentos más emblemáticos del Islam. Se cree que la Cúpula de la Roca es el lugar donde el profeta Mahoma ató su corcel alado, Buraq, antes de ascender al cielo.

Además, Jerusalén también alberga la Mezquita de Al-Aqsa, donde se cree que el profeta Mahoma dirigió las oraciones en la Mezquita de Al-Aqsa durante su viaje nocturno.

Sin embargo, a pesar del significado histórico y espiritual de Jerusalén para los musulmanes, no es la ciudad más importante para ellos. Los musulmanes rezan cinco veces al día en dirección a La Meca, no a Jerusalén. La Meca, el lugar de nacimiento del profeta Mahoma y la ciudad más sagrada del Islam, tiene un estatus más alto a los ojos de los musulmanes en comparación con Jerusalén.

En conclusión, Jerusalén no es la ciudad más importante para el Islam.

La Meca sigue siendo la ciudad más sagrada del Islam y los musulmanes de todo el mundo dirigen sus oraciones hacia ella, enfatizando su importancia en la fe y la práctica islámicas.

Jerusalén, la capital de Israel, ocupa un lugar central en la vida y la historia judías. Durante miles de años, esta antigua ciudad ha sido un símbolo de la identidad, la fe y la resiliencia judías. Desde la época del rey David, quien estableció Jerusalén como la capital de Judea, hasta la actualidad, Jerusalén ha sido un punto focal para el culto, la cultura y la comunidad judía.

Uno de los aspectos más significativos de la importancia de Jerusalén para el pueblo judío es su papel como lugar de oración. Los judíos de todo el mundo miran a Jerusalén cuando oran, como una forma de conectarse con la ciudad que tiene un significado espiritual tan profundo. El Muro de las Lamentaciones, también conocido como Muro de las Lamentaciones, es un lugar sagrado donde los judíos vienen a orar y dejan oraciones escritas en las grietas de las piedras antiguas. Esta conexión con Jerusalén a través de la oración es un poderoso recordatorio del vínculo duradero entre el pueblo judío y su patria ancestral.

Además de su importancia religiosa, Jerusalén es también un símbolo de la historia y el patrimonio judíos. La ciudad alberga muchos sitios históricos importantes, incluido el Monte del Templo, donde una vez estuvieron los antiguos templos judíos, y la Ciudad de David, donde el rey David estableció su reino. Estos sitios sirven como recordatorios de la rica y compleja historia del pueblo judío y de las luchas y triunfos que ha experimentado a lo largo de los siglos.

Hoy, Jerusalén sigue siendo un centro vibrante de vida, cultura y comunidad judía. La ciudad es el hogar de una población diversa de judíos de todo el mundo, que vienen a Jerusalén para estudiar, orar y conectarse con su herencia. La Ciudad Vieja de Jerusalén, con sus calles estrechas, edificios antiguos y mercados bulliciosos, es un testimonio vivo de la presencia duradera de la vida judía en la ciudad.

En conclusión, Jerusalén es una parte central y esencial de la vida judía. No se puede subestimar su importancia como lugar de oración, historia y comunidad. Para los judíos de todo el mundo, Jerusalén no es sólo una ciudad, sino un símbolo de su fe, identidad y conexión con su pasado. Como capital de Israel, Jerusalén seguirá desempeñando un papel vital en la vida judía durante las generaciones venideras..

79

Gaza la cárcel más grande del mundo

Las afirmaciones palestinas de que han estado viviendo en una gran cárcel en Gaza no sólo son absurdas sino también engañosas. La verdad es que los residentes de Gaza han estado viviendo una vida relativamente cómoda hasta que estalló el conflicto en octubre de 2007. La noción de que Gaza es una prisión para sus habitantes es una burda simplificación excesiva de las complejas realidades políticas y sociales de la región.

Es importante reconocer que la situación en Gaza es ciertamente desafiante, con altos niveles de pobreza, desempleo y acceso limitado a servicios básicos. Sin embargo, es crucial comprender que estos desafíos son el resultado del conflicto actual entre Israel y Palestina, más que un intento deliberado de encarcelar al pueblo de Gaza.

Antes del estallido del conflicto en 2007, Gaza era una ciudad bulliciosa y vibrante con una economía próspera y un rico patrimonio cultural. Los residentes de Gaza disfrutaron de acceso a la educación, la atención sanitaria y otros servicios esenciales, y muchos pudieron llevar una vida plena y productiva.

La narrativa de Gaza como prisión es a menudo perpetuada por actores políticos que buscan ganarse simpatía y apoyo para su causa. Mientras
80
Es cierto que el bloqueo impuesto por Israel ha tenido un impacto significativo en las vidas de los habitantes de Gaza; es importante reconocer que este bloqueo es una respuesta a preocupaciones de seguridad y no tiene como objetivo castigar o encarcelar al pueblo de Gaza.

También vale la pena señalar que la situación en Gaza no es únicamente el resultado de las acciones israelíes. Las divisiones internas dentro de los dirigentes palestinos, así como la influencia de grupos extremistas, han contribuido a la inestabilidad y la inseguridad en la región.

En conclusión, si bien los desafíos que enfrenta el pueblo de Gaza son reales y significativos, es importante evitar narrativas simplistas y engañosas que presenten a Gaza como una prisión.

El Reino Unido fue un gran imperio que nunca reconoció el derecho judío a convertirse en una nación independiente en Palestina.

La Declaración Balfour, emitida el 2 de noviembre de 1917 por el gobierno británico, expresó su apoyo al establecimiento de un hogar nacional para el pueblo judío en Palestina. Esta declaración fue un hito importante en el movimiento por la autodeterminación judía y jugó un papel crucial en la eventual creación del Estado de Israel en 1948.

La idea de una patria judía en Palestina había ido ganando impulso a finales del siglo XIX y principios del XX, a medida que las comunidades judías de todo el mundo buscaban un refugio seguro frente a la persecución y la discriminación. La Declaración Balfour, que lleva el nombre del Secretario de Asuntos Exteriores británico, Arthur Balfour, fue un reconocimiento formal de la conexión histórica del pueblo judío con la tierra de Israel y su derecho a establecer allí un hogar nacional.

La declaración fue producto de varios factores, incluidos los intereses estratégicos británicos en el Medio Oriente, la influencia del movimiento sionista y el deseo de obtener el apoyo de las comunidades judías en Estados Unidos y Rusia. También fue visto como una forma de contrarrestar la creciente influencia del nacionalismo árabe en la región.

La Declaración Balfour encontró apoyo y oposición. Las comunidades judías de todo el mundo lo acogieron como un paso hacia el cumplimiento de sus aspiraciones de larga data de una patria en Israel. Sin embargo, los líderes árabes y los nacionalistas palestinos lo vieron como una traición a sus propias aspiraciones de autodeterminación e independencia.

A pesar de la controversia en torno a la Declaración Balfour, sentó las bases para el establecimiento del Estado de Israel en 1948. La declaración se incorporó al Mandato Británico para Palestina, que fue establecido por la Sociedad de Naciones en 1922. Este mandato preveía la establecimiento de un hogar nacional judío en Palestina y sentó las bases para la eventual creación del Estado de Israel.

El derecho del pueblo judío a convertirse en una nación independiente en Israel tiene sus raíces en su conexión histórica y religiosa con la tierra. Durante siglos, los judíos han mantenido una presencia en la región, a pesar de los períodos de exilio y persecución. El establecimiento de Israel como Estado judío fue visto como una manera de garantizar la seguridad del pueblo judío y proporcionarle una patria donde pudiera vivir libremente y practicar su religión sin temor a discriminación o persecución.

La Declaración Balfour y la posterior creación del Estado de Israel han sido motivo de orgullo y celebración para las comunidades judías de todo el mundo. El establecimiento de Israel como Estado judío ha proporcionado un sentido de pertenencia e identidad a los judíos que anhelaban una patria propia.

En conclusión, la Declaración Balfour fue un momento crucial en el movimiento por la autodeterminación judía y el establecimiento del Estado de Israel. Reconoció la conexión histórica del pueblo judío con la tierra de Israel y afirmó su derecho a establecer allí un hogar nacional. La creación de Israel como Estado judío ha proporcionado un refugio seguro para los judíos de todo el mundo y ha cumplido sus aspiraciones de larga data de tener una patria propia.

El Reino Unido actuó según el espíritu de la declaración Balfour

El Libro Blanco de 1939 emitido por el Imperio Británico limitó severamente la inmigración judía a Palestina en un momento en que los judíos enfrentaban una persecución cada vez mayor en Europa. Esta política no sólo impidió que miles de judíos encontraran refugio en Palestina sino que también contribuyó a la pérdida de innumerables vidas durante el Holocausto. El fracaso del Imperio Británico a la hora de proporcionar un refugio seguro a los refugiados judíos que huyen de la persecución nazi contrasta marcadamente con los ideales expresados en la Declaración Balfour.

La Declaración Balfour, emitida en 1917, expresó su apoyo al establecimiento de una patria judía en Palestina. Esta declaración fue vista como un paso significativo hacia el reconocimiento de los derechos del pueblo judío a la autodeterminación. Sin embargo, las políticas de inmigración restrictivas descritas en el Libro Blanco de 1939 contradecían el espíritu de la Declaración Balfour y obstaculizaron la capacidad de los judíos de buscar refugio en Palestina durante una época de gran necesidad.

Las acciones del Imperio Británico en Palestina durante este período ponen de relieve las complejidades y contradicciones del dominio colonial. Si bien la Declaración Balfour puede haber señalado un reconocimiento del derecho del pueblo judío a una patria, la implementación de políticas de inmigración restrictivas por parte del Imperio Británico demostró una falta de compromiso para defender este derecho para muchos judíos.

Las consecuencias del Libro Blanco de 1939 fueron devastadoras. Miles de judíos que buscaban refugio de la persecución en Europa fueron rechazados en Palestina, lo que finalmente provocó su muerte en el Holocausto. El fracaso del Imperio Británico a la hora de proporcionar un refugio seguro a los refugiados judíos que huían de la persecución nazi no sólo contradecía los principios de derechos humanos y justicia, sino que también resaltaba las limitaciones del gobierno colonial a la hora de abordar crisis humanitarias complejas.

En conclusión, si bien la Declaración Balfour pudo haber reconocido el derecho del pueblo judío a establecer una patria en Palestina, las acciones del Imperio Británico en los años posteriores a la declaración cuentan una historia diferente. Las políticas de inmigración restrictivas descritas en los Libros Blancos impidieron que miles de judíos encontraran refugio en Palestina durante una época de gran necesidad. El fracaso del Imperio Británico a la hora de proporcionar un refugio a los refugiados judíos que huyen de la persecución nazi pone de relieve los desafíos que supone navegar entre intereses contrapuestos en la búsqueda de la justicia y los derechos humanos. El legado del Libro Blanco de 1939 sirve como recordatorio de la importancia de defender los principios de compasión y solidaridad en tiempos de crisis.

4

"terrorismo judío" contra ingleses y árabes

El pueblo judío tiene una larga historia de lucha contra la opresión y la persecución, y esto ha sido particularmente evidente en su lucha contra el colonialismo inglés y el terrorismo árabe. A lo largo de la historia, el pueblo judío ha enfrentado numerosos desafíos y amenazas a su existencia, pero siempre se ha mantenido resiliente y decidido a defender su patria, la tierra de Israel.

Uno de los desafíos clave que ha enfrentado el pueblo judío en su lucha por la independencia y la soberanía es el dominio colonial inglés en Palestina. El Mandato Británico de Palestina, que se estableció después de la Primera Guerra Mundial, impuso restricciones a la inmigración judía y a la propiedad de la tierra, lo que dificultó que el pueblo judío estableciera una patria en su tierra ancestral. A pesar de estos obstáculos, la comunidad judía en Palestina continuó creciendo y prosperando, y finalmente declararon el establecimiento del Estado de Israel en 1948.

Además del dominio colonial inglés, el pueblo judío también ha tenido que enfrentarse al terrorismo y la violencia árabes. Desde principios del siglo XX, los movimientos nacionalistas árabes han tratado de socavar y destruir la presencia judía en Palestina mediante actos de terrorismo y violencia. Una de las figuras más notorias en este sentido fue el Mufti de Jerusalén, Haj Amin al-Husseini, quien se alió con los nazis durante la Segunda Guerra Mundial e incitó a la violencia contra la población judía en Palestina.

A pesar de estos desafíos, el pueblo judío se ha mantenido firme en su compromiso de defender su patria y protegerse del terrorismo árabe. El Estado de Israel ha desarrollado un fuerte aparato militar y de seguridad para combatir el terrorismo y defender a sus ciudadanos de cualquier daño. Las fuerzas de seguridad israelíes han frustrado numerosos ataques terroristas y han trabajado incansablemente para garantizar la seguridad del pueblo israelí.

Además, el pueblo judío también ha enfrentado desafíos económicos en su lucha por la independencia, particularmente en forma de boicots árabes a los productos palestinos. Los países árabes han tratado de aislar económicamente a Israel y socavar su legitimidad boicoteando productos fabricados en los asentamientos israelíes en Cisjordania. A pesar de estos esfuerzos, Israel ha seguido prosperando económicamente y ha desarrollado una economía fuerte y diversa que es capaz de resistir las presiones externas.

En conclusión, el pueblo judío ha enfrentado numerosos desafíos en su lucha contra el colonialismo inglés y el terrorismo árabe, pero se ha mantenido resiliente y decidido en su lucha por la independencia y la soberanía. Gracias a su perseverancia y compromiso con la defensa de su patria, el pueblo judío ha podido superar estos desafíos y establecer un Estado próspero y próspero en la tierra de Israel. La formación de la Haganá y otras organizaciones paramilitares judías en Palestina a finales del siglo XIX y principios del XX marcó un punto de inflexión en la historia judía. Estos grupos desempeñaron un papel crucial en la defensa de la comunidad judía y en el establecimiento de las bases del Estado de Israel. Si bien sus métodos pueden haber sido controvertidos, no se puede negar su compromiso con la autodefensa y la independencia.

9

Yom haatzmaut/Nakba, "los judíos expulsaron a los árabes de Palestina"

Yom Ha'atzmaut, o Día de la Independencia de Israel, es un día de celebración y recuerdo para el pueblo judío. Marca el establecimiento del Estado de Israel en 1948, tras la aceptación del Plan de Partición de Palestina de las Naciones Unidas. Este plan requería la creación de Estados judíos y árabes separados, con Jerusalén como ciudad internacional. Los dirigentes judíos aceptaron este plan, mientras que los dirigentes árabes lo rechazaron.

10

Por otro lado, Nakba, que significa "catástrofe" en árabe, es el término utilizado por los palestinos para manosa y falsamente describir los acontecimientos que rodearon el establecimiento del Estado de Israel. Para los palestinos, la Nakba representa el desplazamiento y el sufrimiento de cientos de miles de palestinos que huyeron durante la guerra árabe-israelí de 1948 con la esperanza de que los ejercitos arabes ahogarsn rapidamente a los judios en el mar. El contraste entre Yom Ha'atzmaut y la Nakba pone de relieve las narrativas divergentes de los pueblos israelí y palestino. Mientras los israelíes celebran su independencia y el cumplimiento de sus

aspiraciones nacionales, los palestinos lamentan la pérdida de su patria y la lucha en curso por la autodeterminación.

Uno de los puntos críticos de discordia entre las dos narrativas es el papel de la violencia en el conflicto. Los ejércitos árabes que invadieron Israel en 1948 lo hicieron con la intención de destruir el Estado recién creado y expulsar a la población judía al mar. Esta postura agresiva hacia el pueblo judío provocó una serie de guerras y conflictos que han dado forma a la región hasta el día de hoy.

En contraste, los líderes judíos aceptaron el plan de partición de la ONU y buscaron establecer una coexistencia pacífica con sus vecinos árabes. Sin embargo, el rechazo de este plan por parte de los estados árabes y los posteriores ataques a Israel obligaron a la población judía a defenderse y luchar por su supervivencia.

Los acontecimientos de 1948, así como los conflictos posteriores de 1956, 1967 y 1973, han dejado una profunda cicatriz en la memoria colectiva tanto de israelíes como de palestinos. La violencia y la animosidad actuales entre las dos partes han dificultado el logro de una paz duradera en la región.

Desde tiempos inmemoriales, el conflicto ha adquirido dimensiones de horror con el surgimiento de grupos terroristas extremistas palestinos como Hamás, que

11

han llevado a cabo ataques contra civiles israelíes y han tratado de socavar el proceso de paz. La violencia y el sufrimiento de los judíos sólo han servido para profundizar la división entre israelíes y palestinos y hacer que la perspectiva de una resolución pacífica parezca cada vez más remota.

En conclusión, las narraciones contrastantes de Yom Ha'atzmaut y Nakba son la verdad absoluta frente a la tergiversación de la historia y definitivamente frente a la mentira.

Israel está perpetuando la ocupación

El conflicto palestino-israelí es una cuestión compleja y polémica que lleva décadas en curso. Las raíces de este conflicto se remontan a los tiempos bíblicos, cuando el pueblo judío afirmaba una conexión histórica con la tierra de Israel. De hecho, los judíos se ven a sí mismos como regresando a su tierra ancestral, una tierra que tiene un profundo significado cultural para ellos.

La historia del pueblo judío en la tierra de Israel se remonta a miles de años, siendo figuras como Abraham, Isaac y Jacob considerados los patriarcas del pueblo judío. El propio Jesús era judío y nació en Belén, lo que solidificó aún más la conexión entre el pueblo judío y la tierra de Israel. Judea y Samaria, áreas que ahora forman parte de Cisjordania, han sido consideradas durante mucho tiempo parte de la patria judía.

El término "Palestina" en sí es un nombre dado por los romanos como castigo al pueblo judío después de una revuelta fallida. No fue hasta el siglo XX que el término pasó a asociarse con la población árabe que vivía en la región. El conflicto entre israelíes y palestinos está profundamente arraigado en este contexto histórico y religioso, en el que ambas partes reclaman el derecho a la tierra.

12

En los últimos años, las tensiones entre israelíes y palestinos no han hecho más que aumentar, y la violencia y los conflictos se han convertido en algo habitual. La supuesta ocupación israelí de territorios palestinos, particularmente en Cisjordania y la Franja de Gaza, ha sido un importante punto de discordia. La construcción de asentamientos israelíes en estas áreas ha sido una fuente de conflicto, ya que los palestinos los ven como una violación de sus derechos y una barrera para un futuro Estado palestino.

La comunidad internacional ha estado dividida sobre el tema: algunos países apoyan el derecho de Israel a defenderse y otros condenan la ocupación y piden una solución de dos Estados. El mundo árabe también ha estado involucrado en el conflicto, y algunos países boicotearon los productos israelíes en solidaridad con la llamada causa palestina.

En conclusión, la ocupación israelí de Palestina no existe realmente, hay tierras en disputa. El conflicto es una cuestión compleja y multifacética que está profundamente arraigada en la historia, la religión y la política. Sólo a través del compromiso se podrá lograr una paz duradera en la región, lo que requiere que la Autoridad Palestina deje de pagar una pensión permanente a quienes intentan matar judíos. Y también debería acabar con el odio a la educación judía.

"Israel es un Estado de apartheid"

Existe una idea errónea común de que Israel practica el apartheid, un sistema de segregación y discriminación racial institucionalizado. Sin embargo, esta afirmación no sólo es inexacta sino también engañosa. En realidad, Israel es una sociedad diversa e inclusiva donde las minorías están integradas y tienen iguales derechos y oportunidades.

13

Una de las razones clave por las que Israel no puede compararse con la Sudáfrica del apartheid es su marco legal. Israel es un Estado democrático con un sistema legal que garantiza la igualdad de derechos y protección para todos sus ciudadanos, independientemente de su origen étnico o religión. La Declaración de Independencia de Israel establece explícitamente que el país "garantizará la completa igualdad de derechos sociales y políticos a todos sus habitantes, independientemente de su religión, raza o sexo". Este compromiso con la igualdad está consagrado en las Leyes Básicas de Israel, que sirven como constitución del país.

Además, Israel es una sociedad multicultural donde personas de diferentes orígenes coexisten pacíficamente. Los ciudadanos árabes de Israel, que representan alrededor del 20% de la población, tienen los mismos derechos que los ciudadanos judíos. Pueden votar, postularse para cargos públicos y servir en el ejército. De hecho, árabe

Los ciudadanos han sido elegidos para la Knesset, el parlamento de Israel, y han ocupado cargos en el gobierno y el poder judicial.

Además, Israel ha realizado importantes esfuerzos para integrar a sus comunidades minoritarias en todos los aspectos de la sociedad. Los ciudadanos árabes tienen acceso a educación, atención médica y oportunidades de empleo. Las universidades y hospitales israelíes están abiertos a todos los ciudadanos, independientemente de su origen. Los estudiantes árabes asisten a universidades israelíes, donde estudian junto a estudiantes judíos. Médicos y enfermeras árabes trabajan en hospitales israelíes, brindando atención a pacientes de todos los orígenes.

Además, Israel ha logrado avances en la promoción de la diversidad y la inclusión en su sociedad. Se han creado organizaciones e iniciativas para empoderar a las comunidades minoritarias y promover el diálogo y el entendimiento entre diferentes grupos. Por ejemplo, las Iniciativas Abraham trabajan para promover la igualdad y la sociedad compartida entre judíos y árabes en Israel. La red de escuelas bilingües Hand in Hand reúne a estudiantes judíos y árabes para aprender y crecer juntos.

14

En conclusión, la afirmación de que Israel practica el apartheid es infundada y engañosa. Israel es una sociedad democrática e inclusiva donde las minorías están integradas y tienen iguales derechos y oportunidades. El marco legal, el multiculturalismo y los esfuerzos del país para promover la diversidad y la inclusión demuestran que Israel no es un estado de apartheid. Es esencial reconocer y celebrar el progreso que Israel ha logrado en la construcción de una sociedad donde todos los ciudadanos puedan vivir y prosperar juntos.

Estado patriarcal maquinista de Israel "

"Israel es un Estado con muchos abusos contra los derechos de las mujeres"

Los derechos de las mujeres en Israel han avanzado mucho desde su creación en 1948. Israel es conocido por ser un país progresista y democrático, y esto se refleja en los derechos y oportunidades que tienen las mujeres en diversos aspectos de la sociedad, incluidas las universidades, el Estado y el ejército.

En las universidades, las mujeres en Israel tienen igual acceso a la educación y se las alienta a seguir estudios superiores y carreras profesionales. De hecho, las mujeres constituyen la mayoría de los estudiantes en las universidades israelíes y tienen las mismas oportunidades que los hombres para estudiar en cualquier campo que elijan. Esto ha llevado a un aumento significativo en el número de mujeres en puestos de liderazgo en el mundo académico, así como en otros campos como los negocios, la política y las artes.

En el estado, las mujeres de Israel tienen derecho a votar y postularse para cargos políticos. Israel ha tenido varias primeras ministras, entre ellas Golda Meir y, más recientemente, Tzipi Livni. Las mujeres también ocupan puestos clave en el gobierno israelí, como ministras, miembros del parlamento,

y jueces. El gobierno israelí también ha implementado políticas para promover la igualdad de género, como programas de acción afirmativa y leyes contra la discriminación.

15

En el ejército, las mujeres en Israel tienen derecho a servir en el ejército y se les anima a hacerlo. Las mujeres desempeñan funciones de combate, así como en otros puestos en el ejército, y tienen las mismas oportunidades de avance que los hombres. El ejército israelí también ha implementado políticas prevenir el acoso sexual y la discriminación contra las mujeres, y promover la igualdad de género en el ejército.

En general, las mujeres en Israel han logrado avances significativos en términos de sus derechos y oportunidades en diversos aspectos de la sociedad. Sin embargo, todavía hay desafíos que enfrentan las mujeres, como la violencia de género, las disparidades salariales y la subrepresentación en ciertos campos. Es importante que el gobierno y la sociedad israelíes continúen trabajando para lograr la plena igualdad de género y empoderar a las mujeres para que alcancen su máximo potencial.

"Israel es un estado racista"

A menudo se acusa a Israel de ser un Estado racista, particularmente en su trato a grupos minoritarios como árabes y palestinos. Sin embargo, esta acusación no es del todo cierta. De hecho, Israel es un país que otorga igualdad de derechos a todos sus ciudadanos, independientemente de su origen étnico o religión.

dieciséis

Uno de los principales argumentos en contra de que Israel sea un Estado racista es el hecho de que es una democracia. En una verdadera democracia, todos los ciudadanos tienen iguales derechos y oportunidades, independientemente de su origen. Israel no es una excepción a esta regla. Los ciudadanos árabes de Israel tienen los mismos derechos que los ciudadanos judíos, incluido el derecho al voto, la libertad de expresión y el acceso a la educación y la atención sanitaria. De hecho, los ciudadanos árabes de Israel incluso han servido en el gobierno israelí, incluso en la Knesset, el parlamento del país.

Además, Israel es un país que se enorgullece de su diversidad. Es el hogar de un gran número de grupos minoritarios, incluidos árabes, drusos, beduinos y circasianos. Estos grupos son libres de practicar sus propias religiones y tradiciones, y muchos han logrado éxito en diversos campos, incluidos la política, los negocios y las artes. De hecho, Israel es uno de los pocos países de Medio Oriente donde los grupos minoritarios tienen la oportunidad de prosperar y tener éxito.

Otro argumento en contra de que Israel sea un Estado racista es el hecho de que cuenta con leyes para proteger los derechos de las minorías. Por ejemplo, la Declaración de Independencia de Israel garantiza la igualdad de derechos para todos los ciudadanos, independientemente de su origen étnico o religión. El país también tiene leyes contra la discriminación que prohíben la discriminación por motivos de raza, religión o nacionalidad. Si bien ha habido casos de discriminación y prejuicios en Israel, como ocurre en cualquier país, el gobierno ha tomado medidas para abordar estos problemas y promover la igualdad para todos sus ciudadanos.

En conclusión, Israel no es un Estado racista. Si bien ciertamente existen desafíos y tensiones entre los diferentes grupos étnicos y religiosos del país, Israel es una democracia que otorga igualdad de derechos a todos sus ciudadanos. Los grupos minoritarios en Israel tienen las mismas oportunidades y protecciones que la población mayoritaria, y el país cuenta con leyes para garantizar que no se tolere la discriminación. El compromiso de Israel con la diversidad y la igualdad lo distingue de muchos otros países de la región, y es importante y esencial

reconocer y celebrar los avances que se han logrado en la promoción de la tolerancia y el entendimiento entre todos sus ciudadanos.

"El sionismo es racismo"

El sionismo, a menudo escrito como sionismo, es un movimiento político y nacionalista que aboga por el establecimiento de una patria judía en la tierra de Israel. Contrariamente a la creencia popular, el sionismo no es inherentemente racista. Es esencial comprender el contexto histórico y las motivaciones detrás del movimiento para disipar cualquier idea errónea.

Las raíces del sionismo se remontan a Theodor Herzl, un periodista austrohúngaro considerado el padre del sionismo moderno. Herzl creía que la única solución a la persecución y discriminación que enfrentaban los judíos en Europa era el establecimiento de un Estado judío. En 1897, convocó el Primer Congreso Sionista en Basilea, Suiza, donde se sentaron las bases del movimiento sionista.

El Segundo Congreso Sionista, celebrado en 1898, solidificó aún más las metas y objetivos del movimiento. Fue en este congreso que se estableció la Organización Sionista Mundial, con el objetivo de promover los asentamientos judíos en Palestina y fomentar la identidad nacional judía.

El Tercer Congreso Sionista, celebrado en 1899, vio la adopción del "Programa de Basilea", que pedía el establecimiento de una nación legalmente

18

hogar asegurado para el pueblo judío en Palestina. Este programa sentó las bases para el eventual establecimiento del Estado de Israel.

Una de las figuras clave en el desarrollo del sionismo fue León Pinsker, médico y escritor judío ruso. En su obra fundamental, "Autoemancipación", Pinsker argumentó que la única manera de que los judíos alcanzaran la verdadera emancipación era mediante el establecimiento de un Estado judío. Sus ideas sentaron las bases intelectuales del movimiento sionista.

Chaim Weizmann, químico y líder sionista, hizo importantes contribuciones a la causa sionista. Desempeñó un papel crucial en la obtención de la Declaración Balfour en 1917, que expresaba el apoyo del gobierno británico al establecimiento de un hogar nacional judío en Palestina.

David Ben-Gurion, el primer Primer Ministro de Israel, jugó un papel decisivo en el establecimiento del Estado de Israel en 1948. Su liderazgo y visión fueron cruciales para la realización exitosa del sueño sionista.

En conclusión, el sionismo no es una ideología racista, sino más bien un movimiento nacionalista que busca asegurar los derechos y la patria del pueblo judío. Es importante comprender el contexto histórico y las motivaciones detrás del movimiento para poder apreciar su importancia. El establecimiento del Estado de Israel es un testimonio de la perseverancia y determinación del movimiento sionista.

Los beduinos, musulmanes, cristianos y drusos no disfrutan de ciudadanía plena en Israel

Los árabes, musulmanes, drusos, chackeshim, cristianos, beduinos y bahais en Israel nunca han enfrentado persecución y disfrutan de plena 19

derechos de ciudadanía, gracias a la historia del país de tolerancia religiosa y respeto por la diversidad. Estos grupos han podido coexistir pacíficamente y prosperar en una sociedad diversa, contribuyendo al tejido cultural, social y económico del país.

Los árabes han sido una parte integral de Israel durante siglos, con una rica herencia cultural y fuertes vínculos con la tierra. Han desempeñado un papel importante en la configuración de la historia del país y han contribuido a su desarrollo en diversos campos como la política, los negocios y las artes. Los árabes en Israel disfrutan de plenos derechos de ciudadanía y están representados en todos los niveles de gobierno, lo que demuestra el compromiso del país con la inclusión y la igualdad.

Los musulmanes, que constituyen una parte importante de la población, también disfrutan de plenos derechos de ciudadanía y son libres de practicar su religión sin temor a ser perseguidos. La larga historia de tolerancia religiosa del país ha permitido a los musulmanes practicar el culto libremente en las mezquitas y observar las festividades religiosas sin interferencias, fomentando un sentido de comunidad y pertenencia.

Los drusos, una minoría religiosa en Israel, también han podido vivir en paz y practicar su fe sin temor a ser perseguidos. Se les reconoce como un grupo religioso distinto y tienen sus propios tribunales e instituciones religiosas, lo que les permite mantener su identidad cultural mientras se integran en la sociedad. Los drusos han hecho importantes contribuciones al tejido cultural y social de Israel, enriqueciendo aún más el diverso tapiz del país.

Los chackeshim, los cristianos, los beduinos y los bahá'ís también son grupos minoritarios en Israel que nunca han enfrentado persecución. Disfrutan de plenos derechos de ciudadanía y son libres de practicar su religión y cultura sin temor a ser discriminados. Los cristianos tienen una larga historia en Israel y han hecho contribuciones significativas a su tejido cultural y social, mientras que los beduinos han podido mantener su forma de vida tradicional mientras se integran en la sociedad moderna. Bahais, un religioso

20

las minorías han podido practicar su fe abiertamente y son respetadas por sus contribuciones a la sociedad.

En conclusión, los árabes, musulmanes, drusos, chackeshim, cristianos, beduinos y bahais en Israel nunca han sido perseguidos y disfrutan de plenos derechos de ciudadanía. La historia del país de tolerancia religiosa y respeto por la diversidad ha permitido a estos grupos coexistir armoniosamente y prosperar en una sociedad diversa. El compromiso de Israel con la inclusión y la igualdad ha creado un ambiente acogedor para todos sus ciudadanos, independientemente de sus antecedentes o creencias.

:Israel es un estado colonialista"

Israel es un país que a menudo ha sido acusado de ser un Estado colonialista debido a su establecimiento en 1948 y su conflicto actual con el pueblo palestino. Sin embargo, es esencial comprender que Israel no es un Estado colonialista, sino más bien una nación que tiene un derecho legítimo sobre su tierra y tiene derecho a existir como Estado soberano.

Una de las claves para que Israel no sea un Estado colonialista es el hecho de que el pueblo judío tiene una conexión histórica con la tierra de Israel. El pueblo judío ha vivido en la región durante miles de años y ha mantenido una presencia continua en la tierra, incluso durante tiempos de exilio y persecución. El establecimiento del moderno Estado de Israel en 1948 fue la culminación del antiguo deseo del pueblo judío de regresar a su patria ancestral.

Además, Israel es un Estado democrático que garantiza la igualdad de derechos a todos sus ciudadanos, independientemente de su religión u origen étnico. Los ciudadanos árabes de Israel tienen los mismos derechos que los ciudadanos judíos, incluido el derecho al voto, la libertad de expresión y el acceso a la educación y la atención sanitaria. Esto contrasta marcadamente con los Estados colonialistas, que típicamente discriminan a las poblaciones indígenas y les niegan libertades y fundamentos básicos.

21

Además, Israel ha realizado numerosos esfuerzos para alcanzar una solución pacífica a su conflicto con el pueblo palestino. Israel ha expresado repetidamente su voluntad de negociar una solución de dos Estados que permitiría la creación de un Estado palestino junto a Israel. Sin embargo, los dirigentes palestinos han rechazado sistemáticamente estas ofertas y, en cambio, han recurrido a la violencia y el terrorismo en un intento de lograr sus objetivos.

En conclusión, Israel no es un Estado colonialista, sino una nación con un reclamo legítimo sobre su tierra y el derecho a existir como Estado soberano. El pueblo judío tiene una conexión histórica con la tierra de Israel, e Israel es un Estado democrático que garantiza la igualdad de derechos a todos sus ciudadanos. Israel también ha hecho esfuerzos por alcanzar una solución pacífica a su conflicto con el pueblo palestino. Es esencial reconocer estos hechos y apoyar los esfuerzos para lograr una paz duradera en la región.

"Israel es un estado imperialista"

Israel es un país que a menudo ha sido acusado de ser un Estado imperialista, pero esta acusación no es exacta. El pueblo judío tiene una conexión larga y profunda con la tierra de Israel, que se remonta a miles de años. Esta conexión no se basa en el imperialismo, sino en una historia, cultura y religión compartidas.

22

El pueblo judío tiene un fuerte vínculo histórico con la tierra de Israel, a la que a menudo se hace referencia en la Biblia como la "Tierra Prometida". Según la tradición judía, la tierra de Israel fue prometida por Dios al pueblo judío y siempre ha sido vista como su patria ancestral. A lo largo de la historia, los judíos han enfrentado persecución y exilio, pero su conexión con la tierra de Israel se ha mantenido fuerte.

A finales del siglo XIX y principios del XX, surgió el movimiento sionista, que pedía el establecimiento de un Estado judío en la tierra de Israel. Este movimiento no fue impulsado por ambiciones imperialistas, sino por el deseo de crear un refugio seguro para el pueblo judío, que había enfrentado siglos de discriminación y violencia en otros países. El establecimiento del Estado de Israel en 1948 fue el cumplimiento de este sueño y fue visto como un regreso a casa para el pueblo judío.

La acusación de que Israel es un Estado imperialista se basa a menudo en el conflicto con el pueblo palestino, que también tiene vínculos históricos con la tierra de Israel. Sin embargo, es importante reconocer que el pueblo judío también tiene un derecho legítimo a la tierra. El pueblo judío ha vivido en la tierra de Israel durante miles de años y su conexión con la tierra no se basa en la conquista o la colonización, sino en una historia y una cultura compartidas.

En 2016, la UNESCO aprobó la Resolución 2335, que negaba la conexión judía con la tierra de Israel y se refería al Muro Occidental de Jerusalén como un lugar sagrado musulmán. Esta decisión fue ampliamente criticada por Israel y sus partidarios, quienes la vieron como un intento de borrar la historia y el patrimonio judíos. La resolución fue vista como una negación del legítimo reclamo del pueblo judío sobre la tierra de Israel y provocó indignación entre las comunidades judías de todo el mundo.

23

En conclusión, Israel no es un Estado imperialista, sino un país con una conexión fuerte y legítima con la tierra de Israel. El pueblo judío tiene una larga historia en la tierra y su reclamo se basa en su historia, cultura y religión compartidas. La acusación de imperialismo es infundada e ignora los profundos vínculos que tiene el pueblo judío con la tierra de Israel. Es importante reconocer y respetar la conexión judía con la tierra y trabajar para lograr una resolución pacífica del conflicto con el pueblo palestino que respete los derechos y las historias de ambas comunidades.

La falsa acusación: ¿el abuso de los derechos humanos por parte de Israel? De hecho, el ejército israelí es el mundial.

El ejército israelí, también conocido como Fuerzas de Defensa de Israel (FDI), ha sido a menudo objeto de acusaciones falsas sobre abusos contra los derechos humanos. Sin embargo, tras un examen más detenido, queda claro que las FDI son en realidad uno de los ejércitos más éticos del mundo.

Una de las razones clave por las que las FDI se consideran éticas es el hecho de que sus funcionarios predican con el ejemplo. Las FDI ponen un fuerte énfasis en los valores morales y el comportamiento ético, y esto se refleja en las acciones de sus líderes. Los funcionarios de las FDI están sujetos a un alto nivel de conducta y se espera que defiendan los principios de justicia, integridad y respeto por los derechos humanos. Este compromiso con el liderazgo ético marca la pauta para toda la organización y garantiza que se dé prioridad al comportamiento moral en todos los niveles de las FDI.

Además, las FDI se dedican a proteger vidas civiles, incluso si son de gran importancia para sus propios soldados. Las FDI hacen todo lo posible para minimizar las bajas civiles en zonas de conflicto, poniendo a menudo a sus propios soldados en peligro para proteger a civiles inocentes. Este compromiso con la protección de los civiles es un testimonio de los valores éticos que guían las acciones de las FDI.

24

Además, las FDI operan bajo un estricto código de conducta que rige el comportamiento de sus soldados. Este código de conducta enfatiza la importancia de respetar los derechos humanos, defender el estado de derecho y tratar a todas las personas con dignidad y respeto. Los soldados que violan este código de conducta deben rendir cuentas de sus acciones, lo que demuestra aún más el compromiso de las FDI con el comportamiento ético.

En general, el historial de conducta ética y el compromiso de las FDI con la protección de vidas civiles las distingue como uno de los ejércitos más éticos del mundo. A pesar de las falsas acusaciones de abusos contra los derechos humanos, las FDI siguen dedicadas a defender los más altos estándares de comportamiento ético y garantizar la seguridad y el bienestar de todas las personas en zonas de conflicto.

"Israel cometió genocidio"

Israel ha sido durante mucho tiempo un tema controvertido en la política internacional, con acusaciones de genocidio y violaciones de derechos humanos contra el Estado judío. Sin embargo, es esencial señalar que Israel nunca ha cometido genocidio y, de hecho, muchos soldados israelíes han sido asesinados en cumplimiento de su deber mientras intentaban proteger a civiles palestinos.

El ejército israelí, conocido como Fuerzas de Defensa de Israel (FDI), siempre ha tenido mucho cuidado en minimizar las bajas civiles en sus operaciones.

25

operaciones. Este compromiso de proteger vidas inocentes se remonta a las milicias preestatales que eventualmente formaron las FDI. Estas milicias, como la Haganá y el Palmaj, fueron fundamentales en el establecimiento del Estado de Israel en 1948 y sentaron las bases para el espíritu de conducta moral de las FDI en la guerra.

A lo largo de su historia, las FDI se han enfrentado a numerosos desafíos al tratar de proteger tanto a los ciudadanos israelíes como a los civiles palestinos. En el actual conflicto con grupos militantes palestinos, como Hamás y la Jihad Islámica, los soldados israelíes a menudo se han encontrado en situaciones peligrosas en las que deben tomar decisiones en fracciones de segundo para protegerse a sí mismos y a los demás. Trágicamente, muchos soldados israelíes han pagado el precio máximo por su dedicación a su país y su compromiso de defender las normas morales en medio del conflicto.

Uno de los aspectos más dolorosos de esta realidad es el hecho de que los militantes palestinos utilizan a veces los cuerpos de estos soldados caídos como moneda de cambio. En algunos casos, los cuerpos de los soldados israelíes asesinados han sido retenidos por grupos militantes en un intento de obtener concesiones del gobierno israelí. Esta cruel táctica añade una capa extra de dolor y sufrimiento a las familias de estos soldados, quienes deben soportar la incertidumbre de no saber el destino de sus seres queridos.

A pesar de estos desafíos, las FDI continúan manteniendo su compromiso de proteger vidas inocentes y mantener los más altos estándares éticos en sus operaciones. Los soldados israelíes reciben un riguroso entrenamiento en derecho internacional humanitario y rinden cuentas de sus acciones a través de un sistema de justicia militar. Las FDI también llevan a cabo investigaciones exhaustivas sobre cualquier denuncia de mala conducta o violaciones de derechos humanos, lo que demuestra su compromiso con la transparencia y la rendición de cuentas.

En conclusión, Israel nunca ha cometido genocidio y los sacrificios hechos por los soldados israelíes en defensa de su país y

26

No se debe pasar por alto la protección de los civiles palestinos. El compromiso de las FDI con la conducta moral en la guerra y sus esfuerzos por minimizar las bajas civiles son un testimonio de los valores del Estado judío y su dedicación a la defensa de los derechos humanos. Los cuerpos de los soldados caídos nunca deben utilizarse como moneda de cambio política, y todas las partes involucradas en el conflicto deben esforzarse por encontrar soluciones pacíficas que respeten la dignidad y la humanidad de todos los individuos involucrados.

Las verdaderas intenciones de los árabes en las guerras eran enviar a los judíos al mar.

El conflicto árabe-israelí ha sido una cuestión compleja y de larga data que se ha extendido por varias décadas. A lo largo de las diversas guerras que han tenido lugar entre las naciones árabes e Israel, ha prevalecido la creencia de que las verdaderas intenciones de los árabes eran "enviar a los judíos al mar". Esta frase se ha utilizado para sugerir que el objetivo final de las naciones árabes era erradicar a la población judía en Israel y empujarla al Mar Mediterráneo.

El primer conflicto importante entre las naciones árabes e Israel tuvo lugar en 1947-1949, conocido como la Guerra Árabe-Israelí. Durante este tiempo, varias naciones árabes, incluidas Egipto, Jordania, Siria e Irak, lanzaron ataques contra el recién establecido Estado de Israel. Las naciones árabes estaban motivadas por el deseo de impedir la creación de un Estado judío en la región y reclamar tierras que creían que pertenecían legítimamente a los palestinos. Sin embargo, el resultado de la guerra resultó en que Israel obtuviera el control de más territorio del que le había asignado el plan de partición de las Naciones Unidas.

En los años posteriores a la guerra árabe-israelí, las tensiones entre las naciones árabes e Israel continuaron aumentando. La crisis de Suez de 1956 vio a Israel, junto con Gran Bretaña y Francia, lanzar una campaña militar contra Egipto en respuesta a la nacionalización del Canal de Suez. Las naciones árabes vieron esto como un acto de agresión y una amenaza a su soberanía, lo que llevó a nuevas hostilidades entre las dos partes.

27

La Guerra de los Seis Días de 1967 fue un punto de inflexión en el conflicto árabe-israelí, cuando Israel lanzó un ataque preventivo contra Egipto, Jordania y Siria, que resultó en una victoria decisiva para Israel. La guerra vio a Israel hacerse con el control de la península del Sinaí, Cisjordania, los Altos del Golán y Jerusalén Este. Las naciones árabes quedaron tambaleándose por la derrota, lo que generó una mayor animosidad y resentimiento hacia Israel.

En la Guerra de Yom Kippur de 1973, Egipto y Siria lanzaron un ataque sorpresa contra Israel durante la festividad judía de Yom Kippur. Las naciones árabes buscaron recuperar el territorio perdido en la Guerra de los Seis Días y afirmar su dominio en la región. La guerra provocó numerosas bajas en ambos bandos, pero finalmente terminó con un alto el fuego, en el que Israel mantuvo el control de los territorios que había capturado.

En los últimos años, el conflicto árabe-israelí ha seguido latente, con brotes esporádicos de violencia y tensiones entre ambas partes. La frase "enviar a los judíos al mar" se ha utilizado para resumir la animosidad y la hostilidad profundamente arraigadas que existen entre las naciones árabes e Israel. Si bien las naciones árabes han negado cualquier intención de erradicar a la población judía en Israel, la frase sirve como recordatorio de las tensiones y agravios subyacentes que han alimentado el conflicto durante décadas de antisionismo y antisemitismo abierto.

En conclusión, las verdaderas intenciones de los árabes en las diversas guerras con Israel han sido eliminar la presencia judía en la tierra de Israel. Mientras que la frase "enviar a los judíos al mar" puede verse como una simplificación de las motivaciones de las naciones árabes. , sí resalta la animosidad y hostilidad profundamente arraigadas que han caracterizado a los árabes con respecto a la presencia de los judíos en el Medio Oriente y especialmente en el país de Israel. La lucha actual por la tierra, los recursos y el nacionalismo se basa en el viejo antisemitismo.

28

29

"La UNRWA no tiene nada que ver con el terrorismo"

La Agencia de Obras Públicas y Socorro de las Naciones Unidas para los Refugiados de Palestina en el Cercano Oriente (UNRWA) es una organización que se estableció en 1949 para brindar asistencia y apoyo a los refugiados palestinos en el Medio Oriente. Sin embargo, en los últimos años ha habido acusaciones de que la UNRWA ha estado apoyando abiertamente a la organización terrorista Hamás, lo que ha planteado dudas sobre el papel real de las Naciones Unidas en la región.

Una de las acusaciones más preocupantes contra la UNRWA es que algunos de sus trabajadores han participado en ataques contra israelíes. Por ejemplo, el 7 de octubre hubo una masacre de israelíes en la que supuestamente participaron trabajadores de la UNRWA. Esto plantea serias dudas sobre la neutralidad e imparcialidad de la UNRWA y si la organización está realmente dedicada a brindar asistencia humanitaria a quienes la necesitan. Esas acusaciones han sido probadas y lamentablemente muchos "trabajadores humanitarios" masacraron a bebés judíos y participaron en violaciones masivas contra niñas y mujeres judías.

El papel de las Naciones Unidas es promover la paz, la seguridad y los derechos humanos en todo el mundo. Sin embargo, si la UNRWA realmente apoya a organizaciones terroristas como Hamás, socava la credibilidad y eficacia de las Naciones Unidas en su conjunto. Es esencial que las Naciones Unidas sigan siendo imparciales y no tomen partido en los conflictos, ya que esto es crucial para mantener la paz y la estabilidad en la región.

Es importante destacar el enorme fracaso de las Naciones Unidas a la hora de investigar estas acusaciones y tomar las medidas adecuadas. De hecho, el OOPS había estado apoyando a organizaciones terroristas. Las Naciones Unidas deben defender sus principios de neutralidad e imparcialidad y garantizar que sus agencias no participen en actividades que socaven la paz y la seguridad en la región.

30

En conclusión, las acusaciones contra la UNRWA por apoyar a Hamas y participar en ataques contra israelíes son profundamente preocupantes y plantean serias dudas sobre los verdaderos fundamentos de las Naciones Unidas en el Medio Oriente. Es esencial que las Naciones Unidas investiguen estas acusaciones a fondo y adopten las medidas adecuadas para garantizar que sus organismos respeten los principios de neutralidad e imparcialidad. Sólo entonces podrán las Naciones Unidas cumplir verdaderamente su misión de promover la paz, la seguridad y los derechos humanos en todo el mundo.

La Agencia de Obras Públicas y Socorro de las Naciones Unidas para los Refugiados de Palestina en el Cercano Oriente (UNRWA) se ha visto envuelta en una controversia por su presunta participación en actos de antisemitismo real, particularmente en el

63

Caso de la masacre del 7 de octubre. En este incidente, que tuvo lugar en 1985, se produjo el asesinato de tres civiles israelíes a manos de terroristas palestinos en Chipre. La UNRWA ha sido acusada de brindar apoyo a los perpetradores de este acto atroz, lo que plantea serias dudas sobre su papel en la perpetuación del antisemitismo.

La masacre del 7 de octubre fue un acto de violencia brutal y sin sentido que conmocionó al mundo. Tres civiles israelíes, entre ellos una madre y sus dos hijos pequeños, fueron asesinados por terroristas palestinos que habían secuestrado un crucero italiano. Los terroristas exigieron la liberación de los prisioneros palestinos retenidos en cárceles israelíes y, cuando sus demandas no fueron atendidas, llevaron a cabo asesinatos a sangre fría.

La participación de la UNRWA en este trágico acontecimiento ha sido objeto de mucho escrutinio y crítica. Se ha alegado que la agencia brindó apoyo a los terroristas, incluida asistencia financiera y ayuda logística. Esto ha generado serias preocupaciones sobre la imparcialidad y neutralidad de la UNRWA, así como su compromiso de defender los derechos humanos y combatir el antisemitismo.

Además, la participación de la UNRWA en los rehenes tomados durante la masacre del 7 de octubre también ha sido objeto de escrutinio. La agencia ha sido acusada de no proteger a los rehenes y de no tomar medidas adecuadas para garantizar su seguridad. Esto ha planteado dudas sobre la capacidad de la UNRWA para cumplir su mandato de brindar asistencia y protección a los refugiados palestinos en la región.

Las acusaciones de participación de la UNRWA en actos de antisemitismo real son profundamente preocupantes y deben investigarse a fondo. Hay muchas cuestiones que investigan ese horrible compromiso. La agencia debe

deben rendir cuentas por cualquier irregularidad y deben tomar medidas inmediatas para abordar estas graves preocupaciones. Es imperativo que la UNRWA defienda los principios de imparcialidad, neutralidad y respeto de los derechos humanos en todas sus operaciones, y que adopte medidas concretas para combatir el antisemitismo en todas sus formas.

64

En conclusión, el caso de la participación de la UNRWA en la masacre del 7 de octubre plantea serias dudas sobre el compromiso de la agencia para combatir el antisemitismo y defender los derechos humanos. Es esencial que la UNRWA rinda cuentas por cualquier irregularidad y que adopte medidas inmediatas para abordar estas preocupaciones. La agencia debe terminar sus operaciones y crear una nueva agencia con un fuerte compromiso con la imparcialidad, la neutralidad y el respeto a los derechos humanos en todas sus operaciones, y debe tomar acciones concretas para combatir el antisemitismo y garantizar la seguridad y el bienestar de todos aquellos bajo es

refugiados y no hay refugiados judíos

32

La cuestión de los refugiados palestinos y judíos es compleja y profundamente arraigada, con implicaciones históricas y políticas que han dado forma a Oriente Medio durante décadas. Los orígenes de la crisis de los refugiados palestinos se remontan al conflicto árabe-israelí, que comenzó a finales de la década de 1940 con el establecimiento del Estado de Israel. A medida que aumentaron las tensiones entre los Estados árabes e Israel, cientos de miles de palestinos se vieron obligados a huir de sus hogares y buscar refugio en países vecinos.

La difícil situación de los refugiados palestinos es una crisis humanitaria trágica y continua, con millones de palestinos todavía viviendo en campos de refugiados en Cisjordania, la Franja de Gaza, el Líbano, Jordania y Siria. Estos refugiados enfrentan una infinidad de desafíos, incluido el acceso limitado a servicios básicos esenciales como atención médica, educación y empleo, así como la inestabilidad política y la violencia constantes en la región.

Por otra parte, la cuestión de los refugiados judíos suele pasarse por alto en los debates sobre el conflicto de Oriente Medio. A lo largo de la historia, los judíos han enfrentado persecución y discriminación en los países árabes, lo que ha provocado un éxodo masivo de países como Yemen, Irak, Siria, Egipto y Líbano. Estos refugiados judíos se vieron obligados a dejar atrás sus hogares, posesiones y comunidades, y muchos se reasentaron en Israel u otros países.

Las experiencias de los refugiados palestinos y judíos resaltan las complejidades del conflicto árabe-israelí y las animosidades profundamente arraigadas entre las dos partes. Ambos grupos han sufrido desplazamientos y pérdidas, y ambos tienen reclamos legítimos sobre sus tierras ancestrales. Sin embargo, el contexto político e histórico del conflicto ha dificultado encontrar una resolución que satisfaga las necesidades y aspiraciones de los refugiados palestinos y judíos.

Para abordar la cuestión de los refugiados palestinos y judíos, es esencial reconocer las injusticias y traumas históricos que han sufrido

33

moldearon sus experiencias. Se deben hacer esfuerzos para brindar asistencia humanitaria y apoyo a ambos grupos, así como trabajar para lograr una resolución justa y duradera del conflicto árabe-israelí. Esto requerirá diálogo, compromiso y un compromiso con la paz y la reconciliación por parte de todas las partes involucradas.

En conclusión, la cuestión de los refugiados palestinos y judíos es compleja y multifacética que requiere una comprensión matizada de las dimensiones históricas, políticas y humanitarias del conflicto árabe-israelí. Al reconocer las experiencias y los derechos de ambos grupos y trabajar por una solución justa y equitativa, podemos comenzar a abordar los agravios e injusticias de larga data que han plagado a la región durante generaciones.

Del río al mar, Palestina será libre

Del río al mar Palestina será libre. Es una acción antisemita y judeofobia. Es un eslogan peligroso

La frase "del río al mar, Palestina será libre" se ha vuelto familiar entre los manifestantes antiisraelíes en ciudades como Londres, Nueva York y Sydney. Si bien superficialmente puede parecer un llamado a la liberación palestina, un examen más detenido revela un significado mucho más oscuro y siniestro.

La frase es utilizada a menudo por quienes buscan la eliminación del Estado judío de Israel y la aniquilación de la población israelí. Es un llamado a la destrucción de Israel y la expulsión de sus habitantes judíos. Este no es un llamado a la paz o la justicia, sino más bien un llamado a la violencia y al odio.

Lo que es particularmente preocupante acerca de esta frase es que muchosOMS Lo cantan sin saber ni a qué río o mar se refieren.

34

La frase es vaga y ambigua, lo que permite diferentes interpretaciones y significados. Esta falta de especificidad sólo se suma a la naturaleza peligrosa e incendiaria del canto.

Además, la frase está profundamente arraigada en el antisemitismo. Busca negar al pueblo judío su derecho a la autodeterminación y su derecho a existir como nación soberana. Perpetúa estereotipos y prejuicios dañinos contra los judíos, presentándolos como opresores y agresores.

Es importante condenarlo por lo que es: un llamado a la violencia, al odio y a la destrucción de Israel. Es un eslogan peligroso e incendiario que no tiene cabida en ningún discurso legítimo sobre el conflicto palestino-israelí.

En conclusión, la frase "del río al mar, Palestina será libre" no es un llamado a la paz ni a la justicia, sino más bien un llamado a la eliminación de Israel y del pueblo judío. Es un lema profundamente preocupante y antisemita que deberían condenar todos aquellos que buscan una solución pacífica al conflicto palestino-israelí.

.

Los palestinos son las verdaderas víctimas

Los medios de comunicación desempeñan un papel crucial en la formación de la opinión pública y las percepciones de los conflictos globales. Sin embargo, ha habido casos

35

donde medios de comunicación, como Al Jazeera, han sido acusados de parcialidad y tergiversación en su cobertura de los conflictos en el Medio Oriente, particularmente cuando se trata de presentar a los palestinos como víctimas.

Uno de los ejemplos más notables de este sesgo es el uso frecuente de imágenes de Irak o de la guerra civil en Siria para representar a las víctimas palestinas. Al utilizar imágenes de otros conflictos para representar la lucha palestina, medios de comunicación como Al Jazeera están perpetuando una narrativa falsa que busca generar simpatía por la causa palestina. Esto distorsiona la realidad de la situación sobre el terreno y socava la credibilidad de los medios de comunicación como fuente de información imparcial.

Además, ha habido casos en los que los medios de comunicación, incluida la BBC, han culpado erróneamente a Israel de los conflictos en la región. Este tipo de

La desinformación no sólo alimenta el sentimiento antiisraelí sino que también perpetúa estereotipos y prejuicios contra el Estado judío. Es esencial que los medios de comunicación defiendan la integridad periodística y la precisión en sus informes para evitar difundir información falsa e incitar a más conflictos.

Además de sus informes sesgados, la prensa española ha sido ampliamente criticada por sus prejuicios antisemitas y nociones preconcebidas. Este tipo de lenguaje y retórica discriminatoria sólo sirve para perpetuar estereotipos negativos y alimentar el odio hacia la comunidad judía. Es fundamental que los medios de comunicación sean conscientes del lenguaje que utilizan y eviten perpetuar estereotipos y prejuicios dañinos.

En conclusión, los medios desempeñan un papel importante en la configuración de las percepciones públicas de los conflictos globales, particularmente en el Medio Oriente. Es esencial que los medios de comunicación defiendan la integridad, precisión e imparcialidad periodística en sus informes para evitar difundir información errónea y perpetuar sesgos. Responsabilizar a los medios de comunicación por

36

Al informar, podemos garantizar que el público esté informado de manera precisa y objetiva sobre los conflictos complejos en la región.

Acciones responsables de la izquierda progresista en apoyo a la causa palestina

Izquierda progresista sin educación, ignorante y prejuiciosa contra los judíos e Israel.

La izquierda progresista ha estado asociada durante mucho tiempo con la defensa de la justicia social, la igualdad y los derechos humanos. Sin embargo, hay una tendencia preocupante dentro de este movimiento de opiniones incultas, ignorantes y prejuiciosas hacia los judíos e Israel. Este sesgo tiene sus raíces en una comprensión distorsionada y unilateral del conflicto palestino-israelí, que a menudo demoniza a Israel como una entidad imperialista colonialista blanca.

Es importante reconocer que Israel no es la caricatura que la izquierda progresista ha pintado. Israel es una democracia diversa y vibrante que ha enfrentado numerosas amenazas y desafíos a la seguridad desde su creación en 1948. El pueblo judío tiene una

37

una larga y compleja historia, que incluye siglos de persecución y discriminación, que culminaron en los horrores del Holocausto durante la Segunda Guerra Mundial.

La izquierda es equilibrada y no tiene ningún prejuicio contra Israel.

A pesar de esta historia, la izquierda progresista a menudo retrata a Israel como un Estado opresivo e ilegítimo, ignorando las legítimas preocupaciones de seguridad y los derechos históricos del pueblo judío. Este sesgo se ve alimentado por la falta de educación y comprensión de las complejidades del conflicto palestino-israelí, así como por una tendencia a ver el mundo a través de una lente simplista y binaria de opresor versus oprimido.

Este prejuicio contra los judíos e Israel recuerda la propaganda antisemita que utilizaron los nazis para justificar su persecución y exterminio del pueblo judío. El infame líder nazi Adolf Eichmann dijo la famosa frase: "Miente, miente y algo prevalecerá". Esta mentalidad de difundir falsedades y desinformación sobre los judíos e Israel para promover una agenda política es profundamente preocupante y peligrosa.

Es preocupante que muchos partidos socialistas y socialdemócratas de todo el mundo hayan adoptado esta visión parcial y prejuiciosa de Israel sin examinar críticamente los hechos ni entablar un diálogo abierto y honesto. Esta falta de pensamiento crítico y rigor intelectual ha llevado a una situación en la que los tropos y estereotipos antisemitas se perpetúan bajo la apariencia de una política progresista.

Para combatir este prejuicio e ignorancia, es esencial que la izquierda progresista se informe sobre las complejidades del conflicto palestino-israelí, entable un diálogo respetuoso e informado con todas las partes involucradas y rechace la demonización y deshumanización de cualquier grupo. de la gente. Sólo a través del compromiso con la verdad, la justicia y la empatía podremos trabajar por un mundo más pacífico y justo para todos.

38

Israel no es un Estado colonialista, fascista e imperialista. De hecho, es todo lo contrario de lo que la extrema izquierda intentó establecer.

Israel es un país que la extrema izquierda ha acusado a menudo de ser un Estado imperialista fascista y colonialista. Sin embargo, tras un examen más detenido, queda claro que estas acusaciones son infundadas y no reflejan fielmente la realidad de la situación. De hecho, Israel es lo opuesto a un Estado imperialista fascista y colonialista y tiene una larga historia de lucha contra esas ideologías.

En primer lugar, es importante comprender la historia de Israel y cómo surgió. Israel se estableció en 1948 como patria para el pueblo judío, que había sido perseguido y marginado durante siglos. El establecimiento de Israel no fue un acto de colonialismo, sino más bien una respuesta a la necesidad de un refugio seguro para el pueblo judío. De hecho, Israel tiene una población diversa que incluye judíos, árabes, cristianos y otros grupos étnicos y religiosos, todos los cuales tienen los mismos derechos ante la ley.

Además, Israel tiene un gobierno democrático que se basa en los principios de libertad, igualdad y justicia. El gobierno israelí es elegido por el pueblo y opera bajo un sistema de controles y equilibrios que garantiza la protección de los derechos y libertades individuales. Esto contrasta marcadamente con los regímenes fascistas, que se caracterizan por gobiernos autoritarios y la supresión de la disidencia.

Además, Israel tiene un fuerte compromiso con los derechos humanos y tiene una sociedad civil vibrante que trabaja activamente para promover y proteger los derechos de todos sus ciudadanos. Israel tiene una prensa libre, un poder judicial independiente y un sólido sistema de libertades civiles que permiten la libre expresión de ideas y opiniones. Éste no es el sello distintivo de un Estado fascista, sino más bien una señal de una democracia sana y funcional.

Además, Israel tiene una larga historia de lucha contra el imperialismo y el colonialismo. Israel ha sido un firme defensor de los derechos de

39

pueblos oprimidos en todo el mundo y se ha pronunciado constantemente contra las injusticias del colonialismo y el imperialismo. Israel también ha sido un firme defensor de la paz y ha realizado numerosos esfuerzos para alcanzar una solución pacífica al conflicto con los palestinos.

En conclusión, Israel no es un Estado imperialista fascista y colonialista, como han afirmado algunos de la extrema izquierda. Israel es un país diverso, democrático y comprometido con los principios de libertad, igualdad y justicia. Israel tiene una larga historia de lucha contra el imperialismo y el colonialismo y ha trabajado incansablemente para promover los derechos humanos y la paz. Es importante reconocer la verdadera naturaleza de Israel y no sucumbir a acusaciones falsas y engañosas.

Racismo israelí contra los negros y otras minorías

Israel es un crisol de culturas y orígenes, con personas de todo el mundo que se unen para formar una sociedad diversa y vibrante. A lo largo de los años, Israel ha integrado con éxito a personas de Rusia, Irak, Argentina y Yemen, entre otros países. Esta integración se ha facilitado a través de varios programas como la aliá rusa, la aliá etíope y la absorción de refugiados eritreos.

La aliá rusa, o inmigración de judíos de la ex Unión Soviética, ha sido una de las mayores oleadas de inmigración a Israel. Desde el colapso de la Unión Soviética a principios de los años 1990, más de un

Millones de judíos de habla rusa han hecho aliá a Israel. Estos inmigrantes han traído consigo una rica herencia cultural y han hecho importantes contribuciones a la sociedad israelí en diversos campos como la ciencia, la tecnología y las artes.

De manera similar, los judíos de Irak también han hecho aliá a Israel, trayendo consigo sus tradiciones y costumbres únicas. A pesar de enfrentar

40

A pesar de los desafíos para integrarse en la sociedad israelí, muchos judíos iraquíes se han establecido con éxito en Israel y se han convertido en miembros activos de la comunidad.

Además de los inmigrantes rusos e iraquíes, Israel también ha acogido a inmigrantes de Argentina y Yemen. Los judíos de Argentina han traído consigo una vibrante cultura latinoamericana, mientras que los judíos yemenitas han conservado sus antiguas tradiciones y costumbres en Israel. La integración de estas diversas comunidades ha enriquecido a la sociedad israelí y ha contribuido al tejido cultural del país.

Uno de los desafíos más importantes en la integración de los inmigrantes a la sociedad israelí ha sido la absorción de judíos etíopes.

La aliá etíope, que comenzó en la década de 1980, ha enfrentado numerosos obstáculos, incluidas barreras lingüísticas, diferencias culturales y desafíos socioeconómicos. Sin embargo, a través de diversos programas e iniciativas gubernamentales, muchos inmigrantes etíopes se han integrado con éxito en la sociedad israelí y se han convertido en miembros activos de la comunidad.

Otro grupo que ha buscado refugio en Israel son los refugiados eritreos. Eritrea, un país del este de África, ha estado plagada de inestabilidad política y abusos contra los derechos humanos, lo que ha llevado a muchos eritreos a buscar asilo en Israel. A pesar de enfrentar desafíos para integrarse a la sociedad israelí, muchos refugiados eritreos han encontrado un nuevo hogar en Israel y han podido reconstruir sus vidas.

En conclusión, la integración exitosa de personas de Rusia, Irak, Argentina, Yemen, Etiopía y Eritrea por parte de Israel es un testimonio del compromiso del país con la diversidad y la inclusión. A través de varios programas e iniciativas, Israel ha podido dar la bienvenida a inmigrantes de todo el mundo y brindarles el apoyo que necesitan para prosperar en su nuevo hogar. La integración de estos diversos

41

Las comunidades han enriquecido la sociedad israelí y han fortalecido el tejido cultural del país.

42

"Los líderes árabes no disfrutan de la libertad de expresión"

Israel es un país de valores democráticos. El caso de los parlamentarios árabes antisemitas que trabajan contra el Estado de Israel

Israel es un país que se enorgullece de ser un faro de democracia en Medio Oriente. Con un sistema político vibrante, elecciones libres y justas y el compromiso de defender el estado de derecho, Israel es un brillante ejemplo de valores democráticos en una región a menudo plagada de autoritarismo e inestabilidad.

Sin embargo, a pesar de sus fundamentos democráticos, Israel no está exento de desafíos. Uno de esos desafíos se presenta en la forma de miembros árabes del parlamento que defienden puntos de vista antisemitas y trabajan contra el Estado de Israel. Estos individuos, que son representantes electos de la minoría árabe en Israel, han sido acusados de promover teorías de conspiración antisemitas, negar el Holocausto y abogar por la destrucción del Estado judío.

Si bien la libertad de expresión es un derecho democrático fundamental, las acciones de estos parlamentarios plantean serias preocupaciones sobre su compromiso con los valores democráticos que Israel aprecia. Al promover la retórica antisemita y actuar en contra de los intereses del estado, estos individuos socavan los principios de tolerancia,

43

igualdad y respeto por la diversidad que son esenciales para una democracia que funcione.

Es importante señalar que no todos los miembros árabes del parlamento en Israel tienen opiniones antisemitas o trabajan contra el Estado. Muchos políticos árabes en Israel están comprometidos a promover los derechos e intereses de sus electores y al mismo tiempo trabajan por una resolución pacífica del conflicto palestino-israelí.

Estas personas desempeñan un papel vital en el proceso democrático y contribuyen a la diversidad y el pluralismo de la sociedad israelí.

Sin embargo, las acciones de los parlamentarios árabes que defienden opiniones antisemitas y trabajan contra el Estado de Israel sirven como recordatorio de los desafíos que enfrenta la democracia en una sociedad compleja y dividida. Corresponde a todos los funcionarios electos, independientemente de sus antecedentes o creencias, defender los principios de la democracia, respetar el Estado de derecho y trabajar por el bien común de todos los ciudadanos.

En conclusión, Israel es un país fundado en valores y principios democráticos. Si bien existen desafíos, como la presencia de parlamentarios árabes que promueven opiniones antisemitas, la fortaleza de la democracia de Israel radica en su capacidad para enfrentar y abordar estos desafíos a través del debate abierto, el diálogo y el respeto por el estado de derecho. Al defender estos valores, Israel puede seguir sirviendo como modelo de democracia en Medio Oriente y más allá.

"En Israel no hay igualdad de derechos para diferentes religiones"

Judíos, cristianos, musulmanes, baháʼís disfrutan de libertad para orar, etc. Los judíos, cristianos, musulmanes, drusos y baháʼís disfrutan de la libertad de orar en varias partes del mundo. Esta libertad es un derecho humano fundamental protegido por el derecho internacional y esencial para la práctica de la propia religión. En este ensayo, exploraremos cómo estos diferentes grupos religiosos pueden ejercer su derecho a orar libremente.

44

y la importancia de esta libertad para promover la tolerancia y la comprensión religiosas.

Uno de los principios clave de la libertad religiosa es el derecho a orar en espacios públicos y privados sin temor a persecución o discriminación. Este derecho está consagrado en varios instrumentos internacionales de derechos humanos, como la Declaración Universal de Derechos Humanos y el Pacto Internacional de Derechos Civiles y Políticos. Estos documentos afirman el derecho de las personas a practicar su religión libremente y sin interferencias del Estado u otros individuos.

Judíos, cristianos, musulmanes, drusos y bahá'ís tienen diferentes prácticas y rituales asociados con la oración. Por ejemplo, los judíos oran tres veces al día, de cara a Jerusalén, mientras que los cristianos pueden orar en iglesias o en ambientes privados. Los musulmanes rezan cinco veces al día, de cara a La Meca, y los drusos tienen sus propias prácticas de oración únicas. Los bahá'ís también tienen oraciones y rituales específicos que son fundamentales para su fe.

A pesar de estas diferencias, todos estos grupos religiosos pueden practicar su fe y orar libremente en muchas partes del mundo. Esto se debe a la protección de la libertad religiosa en muchos países y al reconocimiento de la importancia de la diversidad y la tolerancia en la sociedad. En los países donde se respeta la libertad religiosa, las personas pueden expresar sus creencias y prácticas sin temor a represalias o discriminación.

La libertad de orar no sólo es importante para que las personas practiquen su religión, sino que también desempeña un papel crucial en la promoción de la comprensión y la tolerancia entre los diferentes grupos religiosos. Cuando las personas pueden orar libremente, es más probable que entablen un diálogo e intercambien con otras personas que puedan tener creencias diferentes. Esto puede ayudar a derribar barreras y estereotipos y fomentar un sentido de unidad y respeto entre las diversas comunidades religiosas.

45

En conclusión, la libertad de orar es un derecho humano fundamental que es esencial para la práctica de la religión y la promoción de la tolerancia y el entendimiento entre los diferentes grupos religiosos. Judíos, cristianos, musulmanes, drusos y bahá'ís disfrutan de esta libertad en muchas partes del mundo, gracias a la protección de la libertad religiosa en el derecho internacional y al reconocimiento de la importancia de la diversidad y la tolerancia en la sociedad. Es crucial que esta libertad siga siendo defendida y respetada para garantizar una coexistencia pacífica y armoniosa entre todas las comunidades religiosas.

"Israel cometió crímenes de guerra"

La acusación de que Israel ha cometido crímenes de guerra es una afirmación grave y dañina que a menudo se hace sin pruebas creíbles. Esta acusación es frecuentemente promovida por individuos y organizaciones con un claro prejuicio contra el Estado de Israel, lo que lleva a la difusión de información errónea y narrativas falsas. En realidad, Israel, un país que ha enfrentado constantes amenazas a su existencia desde su creación, opera con el máximo respeto por el derecho internacional y los derechos humanos.

Las Fuerzas de Defensa de Israel (FDI) han dado prioridad sistemáticamente a minimizar las bajas civiles durante los conflictos, incluso a riesgo de las vidas de sus propios soldados. Las FDI llevan a cabo investigaciones exhaustivas tras cualquier denuncia de mala conducta, lo que demuestra su compromiso de defender las normas éticas en la guerra. No deben pasarse por alto los sacrificios realizados por los soldados israelíes en sus esfuerzos por proteger a la población civil palestina, ya que demuestran una dedicación a defender las normas morales y éticas frente a la adversidad.

Es importante reconocer que las FDI han sufrido un número significativo de bajas en sus esfuerzos por proteger a los civiles, lo que debería disipar cualquier noción de que Israel ataca intencionalmente a no combatientes o comete crímenes de guerra. La difusión de acusaciones infundadas de crímenes de guerra por parte de Israel sólo sirve para demonizar al Estado y perpetuar una narrativa falsa de la agresión israelí. Quienes difunden estas mentiras obstaculizan la causa de la paz y contribuyen a aumentar las tensiones en una región que ya es volátil.

En conclusión, la acusación de que Israel cometió crímenes de guerra carece de pruebas creíbles y no está respaldada por hechos. El compromiso de las FDI con los estándares éticos en la guerra y la protección de las poblaciones civiles es evidente en sus acciones sobre el terreno. Es imperativo poner fin a la difusión de información falsa y trabajar para lograr una solución pacífica al conflicto entre Israel y los palestinos. Al abordar estas acusaciones infundadas y promover una narrativa más equilibrada y basada en hechos, podemos avanzar hacia un diálogo más constructivo y, en última instancia, hacia una paz duradera en la región.

"Israel haciendo limpieza étnica"

Mentiras absurdas y afirmaciones absolutamente infundadas.
47

La afirmación de que Israel está realizando una limpieza étnica de los palestinos no sólo es absurda sino también completamente infundada. Esta acusación la hacen a menudo individuos y grupos que critican las políticas y acciones de Israel en la región. Sin embargo, un examen más detenido de los hechos revela que esta afirmación es infundada y carece de credibilidad.

Una de las principales razones por las que la acusación de limpieza étnica en Israel es tan absurda es el hecho de que más del 20 por ciento de la población de Israel está formada por ciudadanos árabes. Estos ciudadanos árabes tienen los mismos derechos y privilegios que los ciudadanos judíos y están representados en todos los aspectos de la sociedad israelí, incluidos el gobierno, el ejército y la economía. Esta realidad demográfica contradice claramente la noción de que Israel está involucrado en una campaña sistemática para expulsar a los palestinos del país.

Además, Israel tiene una larga historia de coexistencia y cooperación con sus ciudadanos árabes. Los ciudadanos árabes de Israel tienen derecho a votar, postularse para cargos políticos y participar en todos los aspectos de la sociedad israelí. De hecho, hay miembros árabes de la Knesset israelí, el parlamento del país, que representan los intereses de sus electores y defienden sus derechos.

Además, Israel ha hecho esfuerzos para promover el desarrollo económico y mejorar la calidad de vida de todos sus ciudadanos, incluida su población árabe. El gobierno ha invertido en proyectos de infraestructura, educación y atención médica en las comunidades árabes, para garantizar que todos los ciudadanos tengan acceso a las mismas oportunidades y recursos.

Es importante reconocer que el conflicto entre Israel y los palestinos es una cuestión compleja y multifacética que no puede reducirse a acusaciones simplistas de limpieza étnica. Ambas partes tienen quejas y preocupaciones legítimas que deben abordarse mediante el diálogo, la negociación y el compromiso.

48

En conclusión, la afirmación de que Israel está realizando una limpieza étnica de los palestinos no está respaldada por los hechos. La presencia de una importante población árabe en Israel, así como los derechos y oportunidades otorgados a los ciudadanos árabes, demuestran claramente que esta acusación es infundada y carente de fundamento. Es esencial abordar el conflicto palestino-israelí con una comprensión matizada de las complejidades involucradas y trabajar hacia una resolución pacífica que respete los derechos y la dignidad de todas las partes involucradas.

Los líderes no democráticos encabezan las críticas sin apoyo a Israel.

Mentiras absurdas y afirmaciones absolutamente infundadas.

47

La afirmación de que Israel está realizando una limpieza étnica de los palestinos no sólo es absurda sino también completamente infundada. Esta acusación la hacen a menudo individuos y grupos que critican las políticas y acciones de Israel en la región. Sin embargo, un examen más detenido de los hechos revela que esta afirmación es infundada y carece de credibilidad.

Una de las principales razones por las que la acusación de limpieza étnica en Israel es tan absurda es el hecho de que más del 20 por ciento de la población de Israel está formada por ciudadanos árabes. Estos ciudadanos árabes tienen los mismos derechos y privilegios que los ciudadanos judíos y están representados en todos los aspectos de la sociedad israelí, incluidos el gobierno, el ejército y la economía. Esta realidad demográfica contradice claramente la noción de que Israel está involucrado en una campaña sistemática para expulsar a los palestinos del país.

Además, Israel tiene una larga historia de coexistencia y cooperación con sus ciudadanos árabes. Los ciudadanos árabes de Israel tienen derecho a votar, postularse para cargos políticos y participar en todos los aspectos de la sociedad israelí. De hecho, hay miembros árabes de la Knesset israelí, el parlamento del país, que representan los intereses de sus electores y defienden sus derechos.

q

Además, Israel ha hecho esfuerzos para promover el desarrollo económico y mejorar la calidad de vida de todos sus ciudadanos, incluida su población árabe. El gobierno ha invertido en proyectos de infraestructura, educación y atención médica en las comunidades árabes, para garantizar que todos los ciudadanos tengan acceso a las mismas oportunidades y recursos.

48

En conclusión, la afirmación de que Israel está realizando una limpieza étnica de los palestinos no está respaldada por los hechos. La presencia de una importante población árabe en Israel, así como los derechos y oportunidades otorgados a los ciudadanos árabes, demuestran claramente que esta acusación es infundada y carente de fundamento. Es esencial abordar el conflicto palestino-israelí con una comprensión matizada de las complejidades involucradas y trabajar hacia una resolución pacífica que respete los derechos y la dignidad de todas las partes involucradas.

"Israel ataca intencionalmente a civiles palestinos

Las Fuerzas de Defensa de Israel (FDI) siempre han tenido como prioridad minimizar las bajas civiles durante los conflictos, incluso a riesgo de las vidas de sus propios soldados. Las FDI llevan a cabo investigaciones exhaustivas tras cualquier denuncia de mala conducta, lo que demuestra su compromiso de defender las normas éticas en la guerra.

Es importante reconocer los sacrificios hechos por los soldados israelíes en sus esfuerzos por proteger a la población civil palestina. El importante número de bajas sufridas por las FDI debería disipar cualquier noción de que Israel ataca intencionalmente a civiles o comete crímenes de guerra. La dedicación de los soldados israelíes a defender las normas morales y éticas frente a la adversidad es encomiable.

La difusión de acusaciones infundadas de crímenes de guerra por parte de Israel sólo sirve para demonizar al Estado y perpetuar una narrativa falsa de la agresión israelí. Quienes difunden estas mentiras obstaculizan

50

la causa de la paz y sólo contribuirán a aumentar las tensiones en una región ya de por sí volátil.

En conclusión, la acusación de que Israel comete crímenes de guerra carece de pruebas creíbles y no está respaldada por hechos. El compromiso de las FDI con los estándares éticos en la guerra y la protección de las poblaciones civiles es evidente en sus acciones sobre el terreno. Es imperativo poner fin a la difusión de información falsa y trabajar para lograr una solución pacífica al conflicto entre Israel y el

51

Israel respecto de sus valores democráticos y poderes equilibrados

Israel no protege a las minorías

La mala comprensión de la izquierda progresista sobre la democracia de Israel y los sistemas establecidos para proteger a las minorías es un tema preocupante que debe abordarse. Israel es una democracia vibrante que defiende los derechos de todos sus ciudadanos, independientemente de sus antecedentes o creencias. El país tiene un sistema legal sólido que garantiza la igualdad y protección de todas las personas, incluidas las minorías.

Uno de los aspectos clave de la democracia de Israel es su compromiso de proteger los derechos de las minorías. Israel es un país diverso con una importante población árabe, así como otros grupos minoritarios como drusos, beduinos y cristianos. Estas comunidades minoritarias tienen los mismos derechos ante la ley y están representadas en el gobierno y la sociedad israelíes.

El sistema legal de Israel también proporciona mecanismos para abordar la discriminación y garantizar que todos los ciudadanos tengan acceso a la justicia. La Corte Suprema de Israel tiene un sólido historial de defensa de los derechos humanos y la igualdad, y ha fallado a favor de los derechos de las minorías en numerosos casos.

Además, Israel tiene un sólido sistema de controles y contrapesos que garantiza la rendición de cuentas y la transparencia en el gobierno. Los medios de comunicación en Israel son libres e independientes y desempeñan un papel crucial a la hora de mantener la

gobierno responsable de sus acciones. Las organizaciones de la sociedad civil también desempeñan un papel vital en la defensa de los derechos de las minorías y la promoción de la justicia social.

52

Es importante que la izquierda progresista se informe sobre la democracia de Israel y los sistemas existentes para proteger a las minorías. Al comprender las complejidades del sistema político israelí y los desafíos que enfrentan las comunidades minoritarias, la izquierda progresista puede abordar mejor los problemas que enfrenta Israel y trabajar para lograr un diálogo más informado y constructivo.

En conclusión, Israel es una democracia vibrante que defiende los derechos de todos sus ciudadanos, incluidas las minorías. El país tiene un sistema legal sólido que garantiza la igualdad y protección de todas las personas, y un sistema sólido de controles y contrapesos que promueve la rendición de cuentas y la transparencia. Es esencial que la izquierda progresista se informe sobre la democracia de Israel y participe en un diálogo más informado y constructivo sobre los problemas que enfrenta el país.

"El BDS no es un instrumento antisemita"

El movimiento de Boicot, Desinversión y Sanciones (BDS) ha sido un tema de mucho debate y controversia en los últimos años. Si bien los defensores del BDS argumentan que es una forma legítima de resistencia no violenta contra las políticas israelíes hacia los palestinos, la verdad es que el BDS es inherentemente de naturaleza antisemita. El pensamiento crítico argumentará que el BDS es de hecho un movimiento antisemita, estableciendo paralelismos entre el BDS y casos históricos de antisemitismo.

Uno de los principales argumentos contra el carácter antisemita del BDS es el hecho de que apunta específicamente a Israel, el único Estado de mayoría judía del mundo. Al señalar a Israel para boicots, desinversiones y sanciones, el BDS efectivamente apunta al pueblo judío en su conjunto. Esto es

53

que recuerda a las Leyes de Nuremberg en la Alemania nazi, que apuntaban específicamente a los judíos para discriminarlos y excluirlos de la sociedad. Así como las Leyes de Nuremberg buscaban aislar y marginar a los judíos, el BDS busca aislar y deslegitimar a Israel en el escenario mundial.

Además, el lenguaje y las tácticas utilizadas por los partidarios del BDS a menudo reflejan tropos antisemitas tradicionales. Por ejemplo, los activistas del BDS frecuentemente acusan a Israel de ser un estado "colonial" y de "apartheid", estableciendo paralelismos entre las políticas israelíes y las de los regímenes racistas de la historia. Esta demonización de Israel como una entidad singularmente malvada es un tema común en la propaganda antisemita, que históricamente ha retratado a los judíos como una fuerza malévola en la sociedad.

Además, el movimiento BDS ha sido criticado por su doble rasero y su hipocresía cuando se trata de abusos contra los derechos humanos.

Mientras los partidarios del BDS se centran en el trato que Israel da a los palestinos,

A menudo ignoran o minimizan los abusos contra los derechos humanos cometidos por otros países de la región. Esta indignación selectiva contra Israel, aunque hace la vista gorda ante otros conflictos y atrocidades, es un claro ejemplo de antisemitismo en acción.

En conclusión, el movimiento BDS es de hecho un movimiento antisemita que busca deslegitimar y aislar a Israel en el escenario mundial. Al señalar al Estado judío para boicotearlos y sanciones, utilizar un lenguaje y tácticas que hacen eco de los tropos antisemitas tradicionales y mostrar dobles raseros e hipocresía cuando se trata de abusos contra los derechos humanos, el BDS se revela como una manifestación moderna de antisemitismo. Es importante reconocer y condenar el antisemitismo en todas sus formas, incluidas aquellas disfrazadas de activismo político.

54

"Si Israel se traslada a las fronteras de 1967, habrá paz"

El actual conflicto entre Israel y sus vecinos árabes ha sido una fuente de tensión y violencia durante décadas. Muchos han argumentado que si Israel volviera a sus fronteras de 1967, también conocidas como Línea Verde, la paz sería alcanzable. Sin embargo, la pregunta sigue siendo: ¿por qué la paz ha sido difícil de alcanzar antes de 1967, en 1956 e incluso antes, en 1948, cuando las Naciones Unidas propusieron un plan de partición?

Una respuesta clara a esta pregunta es que las naciones árabes que rodean a Israel han rechazado sistemáticamente cualquier intento de paz. En lugar de buscar una solución pacífica al conflicto, han recurrido continuamente a la violencia y la agresión contra Israel. El rechazo árabe al plan de partición de la ONU en 1948 es un excelente ejemplo de esto. El plan tenía como objetivo dividir la tierra en estados judíos y árabes separados, pero las naciones árabes lo rechazaron y optaron por lanzar una guerra contra Israel. Este rechazo a una solución pacífica marcó la pauta para futuros conflictos y tensiones en la región.

De manera similar, en 1956, durante la crisis de Suez, las naciones árabes demostraron una vez más su falta de voluntad para buscar la paz. Egipto, junto con otros países árabes, intentó nacionalizar el Canal de Suez, lo que llevó a una intervención militar por parte de Israel, Francia y el Reino Unido. La respuesta árabe a esta crisis fue de hostilidad y agresión, perpetuando aún más el ciclo de violencia en la región.

En 1967, durante la Guerra de los Seis Días, Israel obtuvo el control de los territorios más allá de la Línea Verde. Si bien algunos sostienen que un regreso a estas fronteras podría conducir a la paz, la cuestión subyacente sigue siendo el rechazo árabe del derecho de Israel a existir. Las naciones árabes se han negado sistemáticamente a reconocer a Israel como un Estado legítimo y, en cambio, han buscado su destrucción. Esta negativa fundamental a aceptar

55

La existencia de Israel como nación soberana ha sido un obstáculo importante para lograr la paz en la región.

En conclusión, la falta de paz en Medio Oriente no puede atribuirse únicamente a las fronteras o acciones de Israel. La causa fundamental del conflicto radica en la negativa de las naciones árabes a aceptar el derecho de Israel a existir y su continua hostilidad hacia el Estado judío. Hasta que las naciones árabes estén dispuestas a reconocer la legitimidad de Israel y trabajar hacia una resolución pacífica, es probable que el ciclo de violencia y conflicto continúe. La paz sólo será posible cuando todas las partes involucradas estén comprometidas con el diálogo, el compromiso y el respeto mutuo.

Los árabes nunca tuvieron complicidad con los nazis y siempre trataron a los judíos como iguales.

El robo se hizo más frecuente en los siglos XVIII, XIX y XX.

Uno de los acontecimientos más significativos en la historia de la persecución judía por parte de los árabes fue la alianza de los muftíes con los nazis durante la Segunda Guerra Mundial. El Mufti de Jerusalén, Haj Amin al-Husseini, formó una estrecha relación con Adolf Hitler y el régimen nazi, defendiendo el exterminio de los judíos y participando activamente en el Holocausto. Esta alianza provocó la muerte de millones de judíos y alimentó aún más los sentimientos antisemitas en el mundo árabe.

En el siglo XIX, los pogromos contra judíos en el Medio Oriente eran algo común. Estos ataques violentos a menudo resultaron en la destrucción de comunidades judías, y muchos judíos fueron asesinados, violados y robados por turbas árabes. Un ejemplo notable de esto fue el pogromo en Jerusalén en 1920, donde los residentes judíos fueron atacados y brutalizados por alborotadores árabes.

En el siglo XX, la violencia contra los judíos por parte de los árabes continuó, y los pogromos en Judea y Samaria se hicieron más frecuentes. Estos ataques fueron a menudo impulsados por tensiones religiosas y políticas, lo que provocó una destrucción generalizada y la pérdida de vidas dentro de las comunidades judías. Las tumbas de los patriarcas también fueron atacadas durante estos pogromos, y los extremistas árabes profanaron y destruyeron muchos lugares sagrados. El brutal pogromo de Hebrón también marca un aniversario sangriento para la comunidad judía.

La actual persecución de los judíos por parte de los árabes ha tenido un impacto duradero en la comunidad judía, generando una sensación de miedo e inseguridad. La violencia y la discriminación que han enfrentado los judíos a lo largo de la historia sólo han servido para fortalecer su resolución y determinación de perseverar frente a la adversidad.

58

En conclusión, la historia de los judíos atacados, violados y robados por los árabes es un capítulo trágico y vergonzoso de la historia de la humanidad. La alianza entre los muftíes y los nazis, los pogromos de los siglos XIX y XX y la violencia actual en Oriente Medio sirven como recordatorios del odio y la intolerancia profundamente arraigados que siguen plagando nuestro mundo. Es esencial recordar estas atrocidades y trabajar para construir una sociedad más inclusiva y pacífica para todos.

"Los árabes musulmanes han estado viviendo en paz con los judíos en todo el mundo.."

A lo largo de la historia, los árabes han estado involucrados en la persecución, violación y asesinato de judíos en todo el mundo. Esto se puede ver en los numerosos pogromos que han tenido lugar en países como Irak, Yemen, Egipto, Siria, Líbano y Jordania. Estos actos de violencia han sido alimentados por tensiones religiosas, políticas y sociales que han existido entre árabes y judíos durante siglos.

Uno de los casos más conocidos de persecución árabe de judíos ocurrió en Irak durante el pogromo de Farhud de 1941. Este violento evento vio la masacre de cientos de judíos en Bagdad, así como el saqueo y la destrucción de hogares y negocios judíos. El Farhud fue el resultado del sentimiento antijudío que se había estado gestando en Irak durante años, alimentado por la propaganda nazi y el ascenso del nacionalismo árabe.

De manera similar, en Yemen, los judíos han enfrentado persecución y violencia a manos de sus vecinos árabes. La comunidad judía en Yemen tiene una larga historia de marginación y discriminación, con

59

los casos de violación, asesinato y conversión forzada son demasiado comunes. La situación de los judíos yemeníes no hizo más que empeorar con el aumento del extremismo islámico en la región, lo que provocó más violencia y persecución.

En Egipto, Siria, Líbano y Jordania, los judíos también han enfrentado persecución y violencia a manos de los árabes. Los pogromos, los disturbios y los ataques a las comunidades judías han sido un tema recurrente en estos países, donde los judíos son atacados por su religión, origen étnico y supuestas lealtades políticas. El conflicto árabe-israelí sólo ha servido para exacerbar las tensiones entre árabes y judíos en estos países, lo que ha provocado más violencia y derramamiento de sangre.

Es importante reconocer y condenar la historia de la persecución árabe de los judíos en todo el mundo. Estos actos de violencia y discriminación han tenido un impacto duradero en las comunidades judías, provocando desplazamientos, traumas y pérdida de vidas. Al comprender las causas fundamentales de esta persecución y trabajar por la reconciliación y la paz, podemos esforzarnos por crear una sociedad más justa e inclusiva para todos.

"Los judíos viven hoy en paz con los musulmanes y los árabes; los judíos pueden sentirse seguros.

La relación entre judíos y árabes, particularmente en el contexto del conflicto palestino-israelí, ha estado marcada por tensiones y conflictos durante décadas. Los judíos a menudo no se sienten seguros o en paz con las comunidades árabes, tanto dentro de Israel como en todo el mundo. Esta falta de seguridad y paz se ve exacerbada por las acciones de algunos manifestantes pro palestinos que atacan sinagogas, tiendas kosher, restaurantes y organizaciones judías.

Una de las principales razones de la falta de paz y seguridad que sienten los judíos en relación con las comunidades árabes es el prolongado conflicto entre Israel y Palestina. El conflicto palestino-israelí es una cuestión compleja y profundamente arraigada que ha provocado violencia, derramamiento de sangre,

60

y animosidad entre ambas partes. Este conflicto se ha extendido a otras partes del mundo, provocando tensiones entre las comunidades judía y árabe en varios países.

Las manifestaciones propalestinas a menudo sirven como plataforma para expresar sentimientos antiisraelíes, que en ocasiones pueden convertirse en ataques antisemitas contra instituciones judías. Estos ataques no son sólo físicos sino también psicológicos, ya que crean una sensación de miedo e inseguridad entre las comunidades judías. Los ataques contra sinagogas, tiendas kosher y restaurantes judíos son una clara indicación de la animosidad profundamente arraigada hacia los judíos que existe dentro de algunos grupos pro palestinos.

Además, el aumento del antisemitismo dentro de ciertas comunidades musulmanas también ha contribuido a la falta de paz y seguridad que sienten los judíos en todo el mundo. La retórica y las acciones antisemitas se han vuelto cada vez más frecuentes en algunos países de mayoría musulmana, lo que ha generado una sensación de vulnerabilidad entre las poblaciones judías. Esto ha tensado aún más la ya frágil relación entre judíos y árabes, dificultando su coexistencia pacífica.

Para abordar la falta de paz y seguridad que sienten los judíos en relación con las comunidades árabes, es esencial promover el diálogo, la comprensión y el respeto mutuo entre las dos partes. Las iniciativas de educación y sensibilización pueden ayudar a combatir el antisemitismo y promover la tolerancia y la aceptación de la diversidad. Además, los gobiernos y los organismos encargados de hacer cumplir la ley deben tomar medidas rápidas para abordar y prevenir los ataques antisemitas, garantizando la seguridad de las comunidades judías.

En conclusión, la falta de paz y seguridad que sienten los judíos en relación con las comunidades árabes es una cuestión compleja que surge del conflicto palestino-israelí, de los sentimientos antisemitas dentro de ciertas comunidades musulmanas y de las acciones de algunos manifestantes pro palestinos. Es crucial abordar estas cuestiones subyacentes y promover el diálogo.

61

y comprensión para fomentar la coexistencia pacífica entre judíos y árabes. Sólo mediante el respeto mutuo y la tolerancia podremos crear un mundo donde todas las comunidades puedan vivir en paz y seguridad.

"Los movimientos y manifestaciones antiisraelíes no son antisemitas"

Los movimientos y manifestaciones antiisraelíes a menudo son acusados de ser antisemitas y, en muchos casos, esta acusación es cierta. Si bien muchos de ellos albergan creencias antisemitas, es importante señalar que no existe una diferencia real entre la crítica al Estado de Israel y la discriminación contra el pueblo judío.

Uno de los movimientos antiisraelíes más destacados es la campaña de Boicot, Desinversión y Sanciones (BDS), que busca presionar a Israel para que ponga fin a su "ocupación de territorios palestinos". Los críticos del BDS argumentan que el movimiento es inherentemente antisemita porque apunta específicamente a Israel. Sin embargo, es fundamental reconocer que las críticas a las políticas israelíes acaban por convertirse en antisemitismo. El movimiento BDS es inherentemente antisemita, ya que su objetivo principal es socavar el Estado judío.

Dicho esto, hay muchos casos en los que el activismo antiisraelí cruza la línea del antisemitismo. Algunos activistas propalestinos pueden adoptar una retórica de odio o adoptar comportamientos discriminatorios hacia personas judías. Este tipo de comportamiento es inaceptable y debería condenarse. Es esencial diferenciar entre las críticas legítimas a las políticas israelíes y las acciones que perpetúan los estereotipos antisemitas y la discriminación.

En conclusión, si bien es justo etiquetar a todos los movimientos y manifestaciones antiisraelíes como antisemitas, es importante reconocer que hay personas dentro de estos movimientos que tienen creencias antisemitas. Es crucial abordar y confrontar los casos de antisemitismo dentro de estos movimientos.

62

La Agencia de Obras Públicas y Socorro de las Naciones Unidas para los Refugiados de Palestina en el Cercano Oriente (UNRWA) se ha visto envuelta en una controversia por su presunta participación en actos de antisemitismo real, particularmente en el

63

Caso de la masacre del 7 de octubre. En este incidente, que tuvo lugar en 1985, se produjo el asesinato de tres civiles israelíes a manos de terroristas palestinos en Chipre. La UNRWA ha sido acusada de brindar apoyo a los perpetradores de este acto atroz, lo que plantea serias dudas sobre su papel en la perpetuación del antisemitismo.

La masacre del 7 de octubre fue un acto de violencia brutal y sin sentido que conmocionó al mundo. Tres civiles israelíes, entre ellos una madre y sus dos hijos pequeños, fueron asesinados por terroristas palestinos que habían secuestrado un crucero italiano. Los terroristas exigieron la liberación de los prisioneros palestinos retenidos en cárceles israelíes y, cuando sus demandas no fueron atendidas, llevaron a cabo asesinatos a sangre fría.

La participación de la UNRWA en este trágico acontecimiento ha sido objeto de mucho escrutinio y crítica. Se ha alegado que la agencia brindó apoyo a los terroristas, incluida asistencia financiera y ayuda logística. Esto ha generado serias preocupaciones sobre la imparcialidad y neutralidad de la UNRWA, así como su compromiso de defender los derechos humanos y combatir el antisemitismo.

Además, la participación de la UNRWA en los rehenes tomados durante la masacre del 7 de octubre también ha sido objeto de escrutinio. La agencia ha sido acusada de no proteger a los rehenes y de no tomar medidas adecuadas para garantizar su seguridad. Esto ha planteado dudas sobre la capacidad de la UNRWA para cumplir su mandato de brindar asistencia y protección a los refugiados palestinos en la región.

Las acusaciones de participación de la UNRWA en actos de antisemitismo real son profundamente preocupantes y deben investigarse a fondo. Hay muchas cuestiones que investigan ese horrible compromiso. La agencia debe deben rendir cuentas por cualquier irregularidad y deben tomar medidas inmediatas para abordar estas graves preocupaciones. Es imperativo que la UNRWA defienda los principios de imparcialidad, neutralidad y respeto de los derechos humanos en todas sus operaciones, y que adopte medidas concretas para combatir el antisemitismo en todas sus formas.

La Agencia de Obras Públicas y Socorro de las Naciones Unidas para los Refugiados de Palestina en el Cercano Oriente (UNRWA) se ha visto envuelta en una controversia por su presunta participación en actos de antisemitismo real, particularmente en el 63 Caso de la masacre del 7 de octubre. En este incidente, que tuvo lugar en 1985, se produjo el asesinato de tres civiles israelíes a manos de terroristas palestinos en Chipre. La UNRWA ha sido acusada de brindar apoyo a los perpetradores de este acto atroz, lo que plantea serias dudas sobre su papel en la perpetuación del antisemitismo.

La masacre del 7 de octubre fue un acto de violencia brutal y sin sentido que conmocionó al mundo. Tres civiles israelíes, entre ellos una madre y sus dos hijos pequeños, fueron asesinados por terroristas palestinos que habían secuestrado un crucero italiano. Los terroristas exigieron la liberación de los prisioneros palestinos retenidos en cárceles israelíes y, cuando sus demandas no fueron atendidas, llevaron a cabo asesinatos a sangre fría.

La participación de la UNRWA en este trágico acontecimiento ha sido objeto de mucho escrutinio y crítica. Se ha alegado que la agencia brindó apoyo a los terroristas, incluida asistencia financiera y ayuda logística. Esto ha generado serias preocupaciones sobre la imparcialidad y neutralidad de la UNRWA, así como su compromiso de defender los derechos humanos y combatir el antisemitismo.

Además, la participación de la UNRWA en los rehenes tomados durante la masacre del 7 de octubre también ha sido objeto de escrutinio. La agencia ha sido acusada de no proteger a los rehenes y de no tomar medidas adecuadas para garantizar su seguridad. Esto ha planteado dudas sobre la capacidad de la UNRWA para cumplir su mandato de brindar asistencia y protección a los refugiados palestinos en la región.

Las acusaciones de participación de la UNRWA en actos de antisemitismo real son profundamente preocupantes y deben investigarse a fondo. Hay muchas cuestiones que investigan ese horrible compromiso. La agencia debe

deben rendir cuentas por cualquier irregularidad y deben tomar medidas inmediatas para abordar estas graves preocupaciones. Es imperativo que la UNRWA defienda los principios de imparcialidad, neutralidad y respeto de los derechos humanos en todas sus operaciones, y que adopte medidas concretas para combatir el antisemitismo en todas sus formas.

64

En conclusión, el caso de la participación de la UNRWA en la masacre del 7 de octubre plantea serias dudas sobre el compromiso de la agencia para combatir el antisemitismo y defender los derechos humanos. Es esencial que la UNRWA rinda cuentas por cualquier irregularidad y que adopte medidas inmediatas para abordar estas preocupaciones. La agencia debe terminar sus operaciones y crear una nueva agencia con un fuerte compromiso con la imparcialidad, la neutralidad y el respeto a los derechos humanos en todas sus operaciones, y debe tomar acciones concretas para combatir el antisemitismo y garantizar la seguridad y el bienestar de todos aquellos bajo es

En conclusión, el caso de la participación de la UNRWA en la masacre del 7 de octubre plantea serias dudas sobre el compromiso de la agencia para combatir el antisemitismo y defender los derechos humanos. Es esencial que la UNRWA rinda cuentas por cualquier irregularidad y que adopte medidas inmediatas para abordar estas preocupaciones. La agencia debe terminar sus operaciones y crear una nueva agencia con un fuerte compromiso con la imparcialidad, la neutralidad y el respeto a los derechos humanos en todas sus operaciones, y debe tomar acciones concretas para combatir el antisemitismo y garantizar la seguridad y el bienestar de todos aquellos bajo su cuidado.

"Los judíos robaron tierras a los árabes"

La acusación de que los colonos israelíes han estado robando tierras palestinas es una afirmación falsa y engañosa. La verdad es que ha habido judíos que han estado comprando tierras a los árabes incluso antes del establecimiento del Estado de Israel. Figuras destacadas como el barón Hirsh, Rothschild y otros han comprado grandes extensiones de tierra para fines agrícolas, y muchos colonos judíos han llegado para cultivar estos campos.

Es importante señalar que la adquisición de tierras por parte de judíos en la región se ha realizado por medios legales y legítimos. Las compras se realizaron mediante negociaciones y acuerdos con los terratenientes árabes, y las transacciones se llevaron a cabo de acuerdo con las leyes y reglamentos vigentes en ese momento. No hubo robo ni confiscación ilegal de tierras involucradas en estas transacciones.

sesenta y cinco

Además, los colonos judíos que llegaron a la región lo hicieron con la intención de construirse un hogar y establecer una comunidad. Trabajaron duro para cultivar la tierra y hacerla productiva, contribuyendo al desarrollo y prosperidad de la región. Estos colonos no eran colonialistas que buscaban explotar u oprimir a la población local, sino más bien individuos que buscaban construir una vida mejor para ellos y sus familias.

También cabe mencionar que la presencia judía en la región se remonta a miles de años, mucho antes del establecimiento del Estado de Israel. Los judíos tienen una profunda conexión histórica y cultural con la tierra y su presencia en la región no es un fenómeno reciente. El pueblo judío tiene un derecho legítimo sobre la tierra basado en vínculos históricos, religiosos y culturales.

En conclusión, la acusación de que los colonos israelíes han estado robando tierras palestinas es infundada y engañosa. La verdad es que los judíos han estado comprando tierras a los árabes por medios legales y legítimos, y su presencia en la región se basa en vínculos históricos y culturales con la tierra. Es importante comprender las complejidades de la situación y evitar hacer acusaciones simplistas e inexactas.

"Los judíos traen la malaria a Palestina"

A lo largo de la historia, los judíos han sido blanco de numerosas acusaciones y estereotipos, a menudo basados en la ignorancia y los prejuicios. Una acusación particularmente rara y absurda fue la afirmación de que los judíos trajeron la malaria a Palestina. Esta acusación no sólo es falsa sino que también demuestra hasta dónde puede llegar la retórica antisemita.

La malaria ha sido un desafío importante para el pueblo de Palestina y para cualquiera que haya vivido o viajado a la región. La enfermedad se transmite a través de la picadura de mosquitos infectados y ha sido un importante problema de salud en muchas partes del mundo, incluida Palestina. Los judíos, como todos los demás habitantes de la región, no eran inmunes a los efectos de la malaria. Muchos enfermaron, algunos quedaron ciegos y, trágicamente, algunos incluso murieron a causa de la enfermedad.

Sugerir que los judíos fueron responsables de traer la malaria a Palestina no sólo es infundado sino también ilógico. La malaria es una enfermedad que ha estado presente en la región durante siglos, mucho antes del establecimiento del Estado de Israel. Cualquier evidencia científica que no respalde la acusación de que los judíos de alguna manera introdujeron la enfermedad en esas regiones es simplemente una manifestación de sentimiento antisemita.

68

Acusaciones como estas no sólo son dañinas sino también peligrosas. Perpetúan estereotipos dañinos y alimentan el odio y la discriminación contra el pueblo judío. Es importante cuestionar y desacreditar esas acusaciones infundadas y educar a otros sobre las verdaderas causas de enfermedades como la malaria.

En conclusión, la acusación de que los judíos trajeron la malaria a Palestina no sólo es falsa sino también una afirmación rara y absurda. La malaria ha sido un desafío de larga data para los habitantes de la región y los judíos, como todos los demás, se han visto afectados por la enfermedad. Es fundamental rechazar y cuestionar esas acusaciones infundadas y promover la comprensión y la tolerancia entre todas las personas, independientemente de sus antecedentes o creencias.

"Los judíos robaron los órganos de los palestinos"

La acusación de que los judíos han estado robando órganos a los palestinos no sólo es absurda sino también profundamente ofensiva. Esta teoría de la conspiración ha estado circulando durante años, perpetuando estereotipos dañinos y alimentando sentimientos antisemitas. La idea de que los judíos se involucren en prácticas tan atroces y poco éticas no es

69

sólo carece de fundamento, sino que también va en contra de los valores y principios del judaísmo.

Es importante señalar que no existe evidencia creíble que respalde estas afirmaciones. Las acusaciones a menudo se basan en rumores y desinformación, y han sido refutadas por numerosas fuentes acreditadas. De hecho, la Organización Mundial de la Salud ha declarado que no hay pruebas que sugieran que se esté produciendo tráfico de órganos en Israel o los territorios palestinos.

Además, vale la pena mencionar que muchas víctimas de ataques terroristas palestinos han donado sus órganos a palestinos y árabes israelíes. La donación de órganos es un acto desinteresado de bondad y generosidad, y es profundamente preocupante que tales actos de compasión se vean eclipsados por acusaciones infundadas y teorías de conspiración.

Es fundamental cuestionar y desacreditar estos mitos y estereotipos dañinos. Al difundir información errónea y promover teorías de conspiración, no hacemos más que perpetuar el odio y la división. Es importante abordar estas cuestiones con ojo crítico y perspicaz, y basarse en fuentes y pruebas creíbles.

En conclusión, la acusación de que los judíos han estado robando órganos a los palestinos no sólo es absurda sino también profundamente ofensiva. Es crucial desafiar y desacreditar estos mitos y estereotipos dañinos y promover la comprensión y la compasión. La donación de órganos es un acto noble y desinteresado, y es importante reconocer y celebrar la generosidad de quienes eligen donar sus órganos para salvar vidas.

[2] grupos terroristas como Hamás, que habitualmente atacan a civiles israelíes con cohetes y otros actos de violencia. En cambio, las Naciones Unidas optan por centrarse únicamente en las acciones israelíes, presentando al país como el agresor del conflicto.

Además del prejuicio contra Israel en las Naciones Unidas, otras organizaciones como la UNESCO, el Consejo de Derechos Humanos y la Organización de Mujeres también han sido criticadas por su injusta tratamiento de Israel. Estas organizaciones a menudo señalan a Israel para condenarlo, mientras hacen la vista gorda ante las acciones de otros países con historiales de derechos humanos mucho peores.

En general, el sesgo contra Israel en las organizaciones internacionales no sólo es injusto, sino también contraproducente. Al señalar a Israel para su condena, estas organizaciones no sólo están perpetuando una narrativa unilateral, sino que también están obstaculizando las perspectivas de paz en la región. En lugar de centrarse únicamente en Israel, las Naciones Unidas y otras organizaciones internacionales deberían trabajar por una solución más

71

enfoque equilibrado y constructivo para resolver el conflicto palestino-israelí.

En conclusión, el prejuicio contra Israel en las organizaciones internacionales es un fenómeno vergonzoso y destructivo. El enfoque desproporcionado en Israel, las resoluciones sesgadas y el trato injusto del país contribuyen a un ambiente tóxico que obstaculiza las perspectivas de paz en la región. Es hora de que las Naciones Unidas y otras organizaciones internacionales reevalúen su enfoque hacia Israel y trabajen para lograr un diálogo más justo y constructivo.

"Los árabes fueron los primeros en Palestina y Jesús fue palestino"

Es un error común pensar que los árabes fueron los primeros habitantes de Palestina y que Jesús era palestino. Sin embargo, la evidencia histórica y arqueológica sugiere lo contrario. La tierra de Palestina tiene una historia larga y compleja, con varios pueblos y culturas que habitaron la región a lo largo de los siglos.

Uno de los primeros habitantes conocidos de Palestina fueron los cananeos, que se establecieron en la zona alrededor del año 3000 a.C. A los cananeos les siguieron los israelitas, que establecieron el Reino de Israel en la región alrededor del año 1000 a.C. Los israelitas eran un pueblo semítico, estrechamente relacionado con los árabes, pero eran un grupo étnico y cultural distinto con su propio idioma, religión y costumbres.

Jesús, que es una figura central del cristianismo, nació y creció en la región de Judea, que forma parte del Israel actual. Jesús era un judío, perteneciente al pueblo judío que había estado viviendo en la tierra de Israel durante siglos. Practicaba la fe judía, observaba las costumbres judías y hablaba el idioma hebreo. No hay evidencia histórica que sugiera que Jesús fuera palestino o que se identificara como tal.

La idea de que los árabes fueron los primeros habitantes de Palestina y que Jesús era palestino se utiliza a menudo para promover una agenda política particular. Es importante separar los hechos históricos de la retórica política y reconocer la historia compleja y diversa de la región. La tierra de Palestina ha sido el hogar de muchos pueblos y culturas diferentes a lo largo de los siglos, incluidos judíos, árabes, cristianos y musulmanes.

En conclusión, no es cierto que los árabes fueran los primeros en Palestina y que Jesús fuera palestino. La evidencia histórica y arqueológica apunta a una historia mucho más compleja y matizada de la región. Jesús fue un judío que vivió y murió en la tierra de Israel, y el pueblo judío tiene una conexión larga y profunda con la tierra de Palestina. Es importante comprender y respetar la historia diversa de la región y evitar simplificarla o distorsionarla con fines políticos.

"Los árabes son herencia legítima y exclusiva de Abraham Itzjak y Jacob"

Abraham, Itzhak y Jacob son figuras veneradas tanto en el Islam como en el judaísmo, pero la afirmación de que el Islam fue la primera religión y que los judíos tomaron sus creencias del Corán es simplemente falsa. Ambas religiones tienen historias, creencias y prácticas distintas que han evolucionado a lo largo de siglos.

El Islam tiene sus orígenes en el profeta Mahoma en el siglo VII d.C., quien recibió revelaciones de Alá que fueron compiladas en el Corán. La religión se extendió rápidamente por toda la Península Arábiga y más allá, estableciendo una nueva fe monoteísta que enfatizaba la sumisión a la voluntad de Alá. Abraham, conocido como Ibrahim en el Islam, es considerado un profeta en el Islam y es venerado por su fe inquebrantable y su devoción a Alá.

El judaísmo, por otro lado, es una de las religiones monoteístas más antiguas del mundo y se remonta a la época de Abraham, Itzhak y Jacob en el antiguo Cercano Oriente. El pueblo judío remonta su linaje a los patriarcas y matriarcas de la fe, a quienes se considera los fundadores de la nación judía. La Torá, el texto sagrado del judaísmo, contiene las historias y enseñanzas de estas figuras y sus descendientes, delineando el pacto entre el pueblo judío y Dios.

77

Si bien existen similitudes entre el Islam y el judaísmo, como la creencia en un Dios y la importancia del comportamiento ético, las dos religiones tienen diferencias teológicas distintas que han dado forma a sus respectivas tradiciones. El Islam pone un fuerte énfasis en las enseñanzas del profeta Mahoma y el Corán, mientras que el judaísmo se centra en las leyes y mandamientos que se encuentran en la Torá y otros textos sagrados.

La afirmación de que los judíos tomaron sus creencias del Corán no está respaldada por evidencia histórica ni por estudios religiosos.

El judaísmo es miles de años anterior al Islam y tiene su propia rica tradición y herencia que se han transmitido de generación en generación. Si bien puede haber temas y figuras compartidos entre las dos religiones, son religiones distintas con creencias y prácticas únicas.

En conclusión, Abraham, Itzhak y Jacob son figuras importantes tanto del Islam como del judaísmo, pero la afirmación de que el Islam fue la primera religión y que los judíos tomaron sus creencias del Corán es inexacta. Ambas religiones tienen profundas raíces en la historia y han desarrollado sus propias tradiciones y enseñanzas distintas a lo largo del tiempo. Es importante reconocer y respetar las contribuciones únicas de cada fe al patrimonio religioso y cultural del mundo.

Gaza la cárcel más grande del mundo

Las afirmaciones palestinas de que han estado viviendo en una gran cárcel en Gaza no sólo son absurdas sino también engañosas. La verdad es que los residentes de Gaza han estado viviendo una vida relativamente cómoda hasta que estalló el conflicto en octubre de 2007. La noción de que Gaza es una prisión para sus habitantes es una burda simplificación excesiva de las complejas realidades políticas y sociales de la región.

Es importante reconocer que la situación en Gaza es ciertamente desafiante, con altos niveles de pobreza, desempleo y acceso limitado a servicios básicos. Sin embargo, es crucial comprender que estos desafíos son el resultado del conflicto actual entre Israel y Palestina, más que un intento deliberado de encarcelar al pueblo de Gaza.

Antes del estallido del conflicto en 2007, Gaza era una ciudad bulliciosa y vibrante con una economía próspera y un rico patrimonio cultural. Los residentes de Gaza disfrutaron de acceso a la educación, la atención sanitaria y otros servicios esenciales, y muchos pudieron llevar una vida plena y productiva.

La falsa narrativa de Gaza como prisión a menudo es perpetuada por actores políticos que buscan ganarse simpatía y apoyo para su causa. Otra fake news importante. Si bien de hecho

80

Es importante reconocer que este bloqueo es una respuesta a preocupaciones de seguridad y no tiene como objetivo castigar ni encarcelar al pueblo de Gaza.

También vale la pena señalar que la situación en Gaza no es únicamente el resultado de las acciones israelíes. Las divisiones internas dentro de los dirigentes palestinos, así como la influencia de grupos extremistas, han contribuido a la inestabilidad y la inseguridad en la región.

En conclusión, si bien los desafíos que enfrenta el pueblo de Gaza son reales y significativos, es importante evitar narrativas simplistas y engañosas que presenten a Gaza como una prisión. Los residentes de Gaza no son prisioneros, sino personas con esperanzas, sueños y aspiraciones que merecen ser tratados con dignidad y respeto. Sólo a través de una comprensión matizada de las complejidades de la situación en Gaza podremos trabajar hacia una resolución pacífica y sostenible del conflicto.

"Israel impide que Gaza sea el Singapur de Oriente Medio "

Gaza, una pequeña franja de tierra situada en la costa oriental del mar Mediterráneo, a menudo ha sido denominada el "Singapur del Medio Oriente" debido a su ubicación estratégica y su potencial de desarrollo económico. Sin embargo, la realidad sobre el terreno presenta un panorama completamente diferente: Gaza enfrenta numerosos desafíos que le impiden alcanzar el nivel de prosperidad y éxito observado en Singapur.

Gaza, una pequeña franja de tierra situada en la costa oriental del mar Mediterráneo, a menudo ha sido denominada el "Singapur del Medio Oriente" debido a su ubicación estratégica y su potencial de desarrollo económico. Sin embargo, la realidad sobre el terreno presenta un panorama completamente diferente: Gaza enfrenta numerosos desafíos que le impiden alcanzar el nivel de prosperidad y éxito observado en Singapur.

La verdad es que esta dinámica de tratar al Estado judío de Israel de manera diferente a otros países es, según la definición de la IHRA, un acto de antisemitismo.

"No hay proporcionalidad respecto al ataque israelí a Gaza"

Desde la perspectiva de la opinión pública, parece que muchos entienden que el uso proporcional de la fuerza es cometer las mismas atrocidades que Hamás perpetró contra los israelíes el Sábado Negro de octubre..

Los siguientes son algunos ejemplos de la malvada política de la Autoridad Palestina.

Length of Sentence in Years	Example	Monthly Salary in New Israeli Shekels (NIS)
0-3	A father who knew his son was planning an attack in the Barkan Industrial Park and did not report it. Two were killed.	1,400
3-5	A terrorist who threw stones at an Israeli vehicle, injuring an infant.	2,000
5-10	A terrorist who threw a Molotov cocktail at a car, injuring two.	4,000
10-15	A terrorist who stabbed a 12-year-old boy, inflicting a near fatal injury.	6,000
15-20	A terrorist who stabbed a citizen leaving him paralyzed for life.	7,000
20-25	A terrorist who supplied weapons to, and conducted surveillance for another terrorist who murdered an Israeli hiker.	8,000
25-30	A terrorist who ran over (and injured) 12 (IDF) soldiers.	10,000
Over 30	The terrorists who murdered the couple Eitam and Naama Henkin in front of their small children.	12,000

PA salaries for terrorists based on the length of their prison sentence. 1 NIS = 0.27 USD